Christiane S. Kulzer **Wenige Stunden spärlichen Lichts**

Christiane S. Kulzer
# WENIGE STUNDEN SPÄRLICHEN LICHTS

Erste Auflage 2005

© isgon verlag GbR, Berlin/Hamburg
Alle Rechte vorbehalten

**Gestaltung & Satz** André Kura, designair.org, Berlin
**Druck** agit-druck GmbH, Berlin
**Bindung** Stein + Lehmann GmbH, Berlin

Printed in Germany
ISBN 3-9810328-0-2

http://www.isgon.de

**GRÜN**

**NICHT OHNE STOLZ**

»Mama, ich bin schwanger!«
»Oh mein Gott, dann findest du doch nie mehr einen Mann!«
Ich beendete das Gespräch.

Meine Freunde versicherten mir glaubwürdig, dass ein Kind kein Hindernis für eine junge (»Wenn du jetzt schon Mitte Vierzig wärst, okay ...«) und hübsche (»So wie du aussiehst! Du kannst doch jeden kriegen!«) Frau sei.
»Und wenn ein Typ ein Problem damit hat, dann solltest du ihn sowieso in die Tonne treten!«
»Ich freue mich schon aufs Baby-Sitten!«
»Junge Mütter sind so cool!«
»Heutzutage stehen die Männer doch drauf. Allein erziehende Mütter sind supersexy!«
Mit selbstbewusster Miene gebar ich eine Tochter.

Zwei Jahre und sieben Monate später.
Angeblich ist Frühling, aber mir frieren die Ohren weg und Gott pisst mir auf den Kopf. Tara rutscht auf matschigem Boden aus und schreit. Ich versuche, die nass gewordene Zigarette noch einmal anzuzünden, aber sie brennt nicht mehr. Ein älteres Ehepaar nähert sich. Gerade vorbei, dreht sich die Frau um. Die auf Tränensäcken dümpelnden Augen rügen die Welt und speziell mich. Ihr verkniffener Mund möchte etwas sagen, und ich warte gierig darauf. Ihr Leben lang gelernt zu schweigen, wendet sie sich wieder zum Gehen, rafft dann aber doch noch ihren letzten Rest Mut zusammen: »Das arme Kind, ganz schmutzig! Aber rauchen!«
Dann zieht es von dannen, den Gatten im Schlepptau. An ihrem Absatz klebt Hundekot.
»Du hast Scheiße am Hacken!«, brülle ich ihr hinterher, ziehe Tara aus dem Dreck und warte weiter.
Er kommt nicht.

Hat gesagt, er liebe mich, aber uns abholen, das fällt ihm nicht ein.

»Wann bist du wieder zurück?«

»Um halb vier kommt der Bus an, wieder mitten in der Pampa, weiß auch nicht, wie wir da wegkommen sollen ...«

»Ich freu mich auf dich, ich liebe dich. Bis morgen dann!«

Mein Stolz siegte über die Bitte und kleckert mir jetzt von einer Haarsträhne ins Gesicht.

Ich halte einen Mittvierziger im Zafira an. Innen bröckelt mir stinkender Wunderbaum auf den Schoß, aber wir gelangen in die Zivilisation.

Die Wohnung ist kalt. Die Milch im Kühlschrank gestockt. Ich bringe Tara zu Bett und fühle mich einsam.

Die Sehnsucht siegt über den Stolz:

»Wir sind wieder da, home, sweet home!«

»Wie schön, meine Süße, ich hätte dich jetzt gerne bei mir, aber du kannst ja nicht weg, musst ja auf Tara aufpassen. So ein Mistwetter, mich bringt heute nichts vor die Tür! Wir können ja morgen Abend auf das Konzert gehen, wenn du einen Babysitter hast.«

Der Stolz siegt über die Enttäuschung, aber nur knapp.

Ich erwärme eine Dose Ravioli und erbreche sie dann ins Klo.

Irgendwann wache ich auf, weil kleine Hände mein Gesicht betasten. Mein linker Arm ist in die Sofaritze gerutscht und fast abgestorben.

Inga und Lars machen Familienabend.

Doreen ist auf eine Party eingeladen.

Der 16-jährige Babysitter von Jo ist nicht erreichbar.

Kiras Stimme überschlägt sich fast, als sie mir erzählt, dass ihre neueste Errungenschaft sie heute zum ersten Mal besucht: »Oh Mann, der ist so süß! Vorgestern meinte er, mit mir könnte er sich vorstellen, Kinder zu haben und alt zu werden!

Heute wollen wir uns einfach einen gemütlichen Abend machen, Filme gucken und ...(Kichern)«

Ich lege auf.

Die Hoffnung zeigt dem Stolz den Mittelfinger und wählt seine Nummer.

»Ich kann heute nicht weg, hat keiner Zeit. Magst du nicht zu mir kommen, Videos anschauen ...?«

»Ach Schatz, Jörg hat mich auf die Gästeliste gesetzt, ich bin vorher mit den Jungs verabredet. Ich ruf nachher noch mal durch, erzähl dir dann, wie's war.«

Der Ärger versprüht Tränengas. »Wir haben uns zwei Wochen nicht gesehen, ich dachte, du freust dich auf mich! Ich hab's ja versucht, aber ich kann eben nicht weg ...« Das Gas erfüllt seine Bestimmung.

»Nicht weinen. Aber nur, weil du zu Hause bleiben musst, heißt das doch nicht, dass ich jetzt nicht mehr ausgehen kann.«

Das heißt es natürlich nicht. »Ich ruf später noch mal an.«

Tara schlingt ihre Arme um mich, als ich ihr gute Nacht sage. »Nicht weggehen, Mama!«

Meine Nase saugt ihren Duft nach süßem Kuchen ein und pustet ihr meine ganze Liebe ins Gesicht. Sie lacht. »Das kitzelt schön!«

Die letzte verstaubte Flasche Rotwein ist schnell leer. Und wenn man keine Zigaretten mehr hat, muss man zu Bett gehen. Neue holen gilt nicht. (»Nicht weggehen, Mama!«)

Das Schnurlose in der Hand schlafe ich ein.

Das Schlafzimmerfenster gen Osten verkürzt die Nacht. Meine Hand fühlt sanftes Ein- und Ausatmen. Das Murmeltier hat nächtens den Bau gewechselt und schnuffelt mir gegen die Brust. Auf dem Fußboden neben dem Bett liegt das Telefon und ruft nach Saft. Ich schlurfe zur Ladestation und erinnere mich vage an ein Versprechen.

»Mama, schmusen!« Ein nestwarmes Etwas hängt an meinem Bein. Ich hebe es hoch und lege uns beide zurück ins Bett.

Im Traum stehe ich auf einer Klippe hoch über tobender Brandung. Du stehst unten, die Wellen brechen sich an deinem Rücken, du musst mindestens zehn Meter groß sein. Und du rufst: »Spring! Ich fange dich auf!« Ich lasse mich vornüber fallen, falle, bin fast bei dir, und wache auf, weil ich denke, dass das ja nur ein Traum ist.

Später der Wecker, immer der Gewinner. Wir stehen auf, Tara muss zum Kindergarten. Ich habe frei. Mein erster Gedanke, dass ich einen halben Tag mit ihm verbringen könnte. Auf dem Rückweg zum Bäcker. Ich kaufe die Brötchen, die er gerne isst.

Ich rufe nicht an, stopfe die Backwaren ausnahmslos in mich hinein, schütte Kaffee drauf und kotze alles in die Toilette.

Mit verquollenen Augen und schlechtem Geschmack im Mund stehe ich am Fenster und schnippe Zigarettenasche in den Nieselregen, bis der aufhört und die ersten zaghaften Sonnenstrahlen in den Tropfen auf dem Fensterblech glitzern.

»Hallo, hier ist Kira. Oh Mann, der ist echt toll im Bett, aber sein Gesülze geht mir ein bisschen auf die Nerven! Der macht total auf Family, so was von anstrengend! Ich will noch keine Kinder haben und alt werden schon gar nicht ... Aber heute habe ich Zeit! Soll ich auf Tara aufpassen? Dann kannst du mal ausgehen!«

Heute muss er arbeiten.

Ich sage ja.

Das Freiheitsgefühl betritt die Bühne im purpurnen Mantel. Gold umgleißt seine Stirn.

Allein im Kino. Hinter mir ausschließlich Händchen haltende Pärchen. Neben mir die Freiheit mit Zepter in der Hand.

Beim Kiosk an der Ecke bestelle ich eine Currywurst, nein, zwei, mit Pommes! Und scharf! Und genieße bewundernde männliche Blicke, die zäh an meinen nylonbestrumpften Beinen heruntertropfen. Manche Klischees wirken Wunder!

Die Nachtluft ist angenehm weich und riecht nach feuchten Knospen, ich schwimme in ihr an der Haltestelle vorbei, kurz darauf überholt mich mein Bus. Ich winke ihm hinterher. Auf meinen hohen Absätzen schwebe ich dahin, summe »So long, Babe« in der Version von Nancy Sinatra, den gesamten Heimweg lang.

Als ich die Wohnungstür aufschließe, meine ich, seinen Geruch zu spüren, aber die Freiheit geht Arm in Arm mit mir ins Wohnzimmer, wo Kira auf dem Sofa zusammengeringelt sitzt, er neben ihr. Der Stolz fühlt sich überflüssig und verlässt auf Zehenspitzen die Wohnung.

»Wo warst du? Warum hast du nicht angerufen?«

Ich hebe die Schultern. Und: »Im Kino.«

»Aber doch nicht allein?!« Auf seinen Worten hockt Eifersucht.

Ich drücke den beiden jeweils einen Schein in die Hand und schiebe sie aus der Tür. Dann gehe ich ins Bad und stecke mir aus alter Gewohnheit einen Finger in den Hals.

Es kommt nichts.

**LEA WILL**

Lea will einen Mann. Da sitzt einer am Küchentisch und stopft Brot und Wurst in seinen Mund. Kaut. Säbelt die nächste Scheibe vom Laib. »Das kann´s ja wohl nicht sein«, denkt sie. »Schatz«, kommt es undeutlich zwischen zwei Bissen und einem Schluck aus der Flasche aus seiner Richtung, »bringst du mir Zigaretten und irgendwas Süßes von draußen mit?« Lea brummt Zustimmung, wirft sich eine Jacke über und zieht die Verschlüsse ihrer Stiefel hoch. In der Tür fällt ihr noch etwas ein: »Tschüss dann!«

»Krieg ich keinen Kuss zum Abschied?« Lea zögert kurz, kehrt um. Was soll´s – nicht, dass es irgendwie prickelnd wäre, nein, es ist eine automatische Handlung, so oft ausgeführt, dass sie sie immer häufiger vergisst. Doch in der Annahme, es sein schon erledigt. So, wie man die Wohnungstür zuklappt, wenn man das Haus verlässt. Und das tut Lea jetzt. Dann stopft sie die Hände in die Jackentaschen und zählt die Treppenstufen, zählt rückwärts, denn sie weiß genau, wie viele es auf jedem Absatz sind. Vor dem Haus bleibt sie zunächst stehen, nicht sicher wohin. Da ergibt sich mal ein freier Tag, die Kinder sind verreist, und vor lauter Freizeit ist sie wie gelähmt. Denn wenn man alles gleichzeitig machen will, blockiert der Computer, weil es den Befehl »Go to all of the above« nicht gibt.

Lea setzt sich ins Café an der Ecke. Ihr doppelter Espresso ist nach zwanzig Minuten Wartezeit immer noch nicht da, und sie muss sich beherrschen, die Kellnerin nicht anzupöbeln, die dem einzigen weiteren Menschen im Raum ihre Zunge in den Mund steckt. Wie sollte sie auch wissen, dass freie Zeit so kostbar sein kann, mit ihrem flachen Bauch und dem Teenager-Gesicht. Aber selbst im Café übersehen zu werden ist besser, als Frank beim Kauen zuzuschauen. Frank, der ihr schon lange bei nichts mehr zuschaut. Der seinen Kuss einfordert wie ein Zöllner den Reisepass.

Lea küsst gern. Sie küsst auch Frank gern, aber nicht, wenn es so ist wie Türzuklappen. Jetzt beobachtet sie die Bedienung und ihren schmalen Freund, in dessen Mundhöhle zwei Zungen Dinge tun, die Lea sich mehr wünscht als den Espresso, auf den sie immer noch wartet. Sie denkt an ihren Geburtstag in einer Woche, dass sie dann 31 sein wird und dass Frank ihr zu dem Anlass etwas schenken wird, das bestimmt teuer und gut gemeint ist, das sie aber gar nicht will. Das einzige, was sich Lea von Frank wünscht, ist ihre alte Liebe. Seine alte Liebe. Lea lächelt zu der Kellnerin hinüber, der sie die Sache mit den beiden Zungen nicht missgönnt. Überhaupt nicht. Sie will das nur auch haben, sie will es jetzt, nicht in der Vergangenheit, und sie will es so sehr, dass Ihr der Espresso nun auch egal ist, sie Geld auf den Tisch legt und nach draußen hastet. Dort ist Frühling. Er verströmt einen undefinierbaren Geruch nach Sehnsucht und treibt Lea die Straße entlang.

Lea wünscht sich, dass etwas passiert. Spielt keine Rolle, was, es soll nur aufhören so zu sein, wie es ist. Sie betrachtet die Auslagen in ein paar Schaufenstern, beobachtet, wie zwei Mütter gleichzeitig versuchen, ihre Kinderwagen durch eine Bustür zu zwängen, muss schmunzeln, als eine blondierte Mittfünfzigerin genau vor ihr mit ihrem Stöckelabsatz in einen Kaugummi tritt und Fäden zieht. Lea schaut um sich, denkt, dass alles so ist wie immer. Nur diese Frühlingsluft, die ihr ins Gesicht pustet, die ist neu und will irgendwo hin.

Sie schiebt Lea noch ein paar Schritte weiter und treibt ihre Attraktion zu einem Fremden.

Ein Mann spricht sie an, sie, die die Straße entlang schlendert und sich umsieht, als suche sie jemanden. »Hallo, sind wir heute verabredet? Ich habe auf Sie gewartet.« Lea bleibt verwundert stehen und lacht. »Eigentlich nicht.« Sie sieht ihn an, ganz genau, und sagt dann: »Aber wo Sie jetzt schon auf mich gewartet haben …«, und etwas in ihr veranlasst sie dazu, in einer sie selbst überraschenden Geste, sich bei ihm unterzuhaken, als wären sie alte Bekannte. Der Arm des Mannes fühlt sich gut an. Stark. Nicht durchtrainiert, nicht muskelbepackt. Er fühlt sich an, als könne er einen damit so umarmen, dass man nicht mehr weinen muss, auch wenn einem gerade noch danach zumute war. Der Arm führt Lea weiter die Straße entlang, und er tut es so, wie es sein muss. Er ist nicht nur ein Henkel für ihren eigenen Arm, ein angebrachter Vorsprung, um zwei Körper aneinander zu fügen. Er ist auf eine passive Weise dominant, die etwas in Lea erschaudern lässt. Er lenkt sie zielstrebig und sicher, ohne merkbar etwas zu tun. Sie reden nicht, nur einmal deutet der Mann auf einen knöchelhohen Hund, der versucht, an einem Laternenpfahl sein Bein zu heben, aber während er auf den übrigen dreien steht, wird am anderen Ende der Leine der Spaziergang bereits fortgesetzt, und der Hund kippt um, rollt eine halbe Umdrehung und zappelt sehr komisch, bis er wieder aufrecht steht. Als der Mann auf den kleinen Hund zeigt, dessen Missgeschick niemand bemerkt zu haben scheint außer er selbst, Lea und der Mann neben ihr, muss sie lächeln, ganz lautlos, und für einen Augenblick zieht der Mann seinen Arm etwas enger an sich, wobei sich die Öffnung in der Beuge ein klein wenig verengt, und dieser leichte Druck verursacht eine Gänsehaut auf Leas Nacken. Vor einem Hausflur bleiben sie stehen. Und auch der abrupte Halt geschieht einfach, weil er an diese Stelle gehört. Es ruckt nicht an Leas Arm, und trotzdem weiß sie, dass sie aufhören muss weiterzugehen. Es ist wie ein Tanz mit einem sehr guten Partner, die Schritte bewegen sich nicht mit-, sondern ineinander, man folgt der Führung. Nicht, weil man muss, sondern weil man will. Lea will.

»Wohin gehen wir?« fragt sie, denn plötzlich sieht sie sich von außen und ihr wird bewusst, gerade etwas ganz Unerhörtes zu tut, so, als hätte sie tatsächlich auf offener Straße getanzt. »Wir sind da«, antwortet der Mann, und seine Stimme hat, wie sein Arm, diese Bestimmtheit ohne Drängen; ein selbstverständliches Fordern, das sich aus den Gesetzen der Situation ergibt, und diese Situation wiederum resultiert aus einer Wirklichkeit, die zwar gerade erst entstanden, jetzt aber präsent ist. Lea will diese Präsenz, sie will, dass diese Wirklichkeit da ist und nie wieder aufhört zu existieren. Und da tanzt sie einfach weiter, lässt sich führen, ganz ohne den Arm, stattdessen jetzt von seiner Hand auf ihrem Rücken, über einen Innenhof, in ein Treppenhaus. Die Hand liegt unterhalb ihres rechten Schulterblattes. Sie hält sich dort auf, als wäre es ihr vertrauter Platz. Und sie hat dieselbe Kraft wie der Arm vorhin, strahlt Wärme aus, eine Wärme, die Leas ganzen Rücken bedeckt. Auf einmal kommt es ihr so vor, als wäre sie vollkommen eingebettet in diese Hand, eine winzig kleine Lea, die in einer sie behutsam umschließenden Hand sitzt und an einen sicheren Ort gebracht wird. Vor einer Tür wird sie abgesetzt, eine kurze Tanzpause entsteht. Die Hand sucht in der Manteltasche des Mannes nach einem Schlüssel, öffnet die Tür. Der Mann wendet sich Lea zu. Er sieht sie an, sie schaut ihn an, sieht in seine Augen, dunkle, warme, aufmerksame Augen, die prüfen, ob es ihren Augen, ob es der ganzen Lea gut geht. Der Mann berührt Lea an den Schultern, und dann umfasst er ihr Gesicht. Er sieht sie ernst an, aber in ihm scheint es zu lächeln, und dann fragt er: »Hast du Angst?« Sie wartet einen Moment, obwohl die Antwort schon klar ist, aber sie möchte wissen, ob irgendetwas in ihr doch noch ein Veto einlegt. Sie schickt seine Frage durch ihren Kopf und durch ihren Körper, bis sie glaubt, noch nie in ihrem Leben eine so eindeutige Übereinstimmung gespürt zu haben. Dann schüttelt sie langsam den Kopf, und taucht vollends in seinen Blick und seine Hände ein, in diese sie umgebende Gegenwart, die wirklicher scheint als das Holz der Tür, als das Geräusch ihrer

Absätze auf den Dielen, realer als der Sessel, der ihr angeboten wird, und in den sie sich setzt.

Lea betrachtet den Raum, der groß ist und hell, weil die Frühlingssehnsucht durch die Scheiben strahlt. Sie scheint herein und ist am Ziel. An der Wand gegenüber lehnt ein großer Spiegel. Lea kann sich selbst, ganz klein, darin erkennen, im Sessel sitzend, die Beine übergeschlagen, die Arme auf den Lehnen. Sie sitzt und wartet, wie der Tanz weitergeht, aber es ist ein angenehmes Warten, eines, das Sinn hat. Sie wird nicht warten gelassen, wie in dem Café vorhin, sondern wartet, weil sie es so will. Weil sie nicht selbst entscheiden möchte, was als nächstes geschieht, sondern sich weiter führen lassen will. Der Mann, der eben nicht im Raum war, kommt zurück. Er hat seinen Mantel abgelegt und ihre Jacke irgendwo hingebracht. Lea schaut auf seine Schuhe, an seiner Hose entlang bis zum Hemd, in sein Gesicht. Es lächelt. Der Mann dreht den Sessel mit Lea darin ein wenig, hockt sich vor ihre übereinander geschlagenen Beine und hebt dann ihr oberes Knie an, platziert es neben dem anderen. Leas Hand zupft mit einer automatischen Bewegung ihren Rock zurecht, wird von seiner unterbrochen und behutsam zurück auf die Armlehne gelegt. Er öffnet die Reißverschlüsse ihrer Stiefel und befreit ihre Füße, streicht über die Sohlen, und das entstehende Geräusch, seine Finger auf ihren Nylonstrümpfen, lässt Lea die Augen schließen. Der Druck seiner Daumen unter ihren Zehen verursacht ein Gefühl, als tauche sie in ein körperwarmes Bad. Sie weiß nicht, ob sie die Augen wieder öffnen soll, tut es probehalber, denn sie möchte ihn sehen, möchte sehen, wie er sie anschaut. Aber gleichzeitig will sie die Augen geschlossen halten, nichts sehen. Noch nicht. Und da geht der wunderbare Tanz weiter. Er scheint zu wissen, dass sie jetzt gar keine Entscheidung treffen will, aber dennoch nur eines möglich ist. Augen auf oder Augen zu. Er zieht ein Tuch aus der Hosentasche, trifft die Entscheidung, während

Lea eine sanfte Welle Glück durch sich hindurch schwappen fühlt. Und dann lässt sie sich hineingleiten in das Meer, dem diese Welle entspringt, lässt sich fallen in das Jetzt und in seine Hände, in den leichten aber bestimmten streichelnden Druck auf ihren Waden, um ihre Knie herum, in den Kniekehlen. Sie ergibt sich seinen Fingern, die ihre Oberschenkel empor streichen und seinen Lippen, die die Innenseiten ihrer Schenkel küssen. Lea lässt sich aufstellen, steht recht wacklig, weil sie ja nichts sehen kann und das Gleichgewicht durcheinander gerät, aber sie weiß, wenn sie fällt, dann wird sie aufgefangen werden, und diese Gewissheit macht Lea plötzlich unglaublich stark. Arme umschlingen ihre Taille, öffnen hinten den Rock, der zu Boden rutscht. Sie spürt warmen Atem auf ihrem Bauch, auf ihren Oberschenkeln, nimmt wahr, wie ihre Bluse aufgeknöpft wird, jeder Knopf eine kleine Explosion in ihrem Inneren, Atem an ihrem Hals, dann ein leises Geräusch, als der BH aufgehakt wird und dieses besondere Gefühl, wenn ihre Brüste frei sind, von nichts gehalten, auf einmal ein wenig zu schwer. Plötzlich sind die Hände weg, auch die Nähe seines Körpers ist nicht mehr da. Ihr wird deutlich kühler. Lea hört, wie der Sessel verschoben, ein Stück entfernt vor sie gerückt wird, hört, wie der Mann sich setzt, dann das Klicken eines Feuerzeugs. Ein wenig später riecht sie Zigarettenrauch.

Lea steht und schwankt etwas, aber mittlerweile hat sich ihr Gleichgewicht an die neue Blindheit gewöhnt. Gespannt wartet sie, wie es weitergeht, aber nichts passiert. Sie steht da, und er sitzt ihr gegenüber und raucht. Sie beginnt, seinen Blick auf sich zu spüren. Der Blick liegt gelassen auf ihren Beinen in den dünnen Strümpfen, auf ihrem Slip, für den sie sich ein bisschen schämt, weil er schon alt und etwas aus der Form geraten ist, und er ruht auf ihren Brüsten, die sie seit der Geburt der Zwillinge nicht mehr so schön findet wie früher. Unsicherheit und Scham steigt in ihr auf. Sie tritt von einem

Fuß auf den anderen, verschränkt dann schützend die Arme vor der Brust. »Tu das nicht«, hört sie, kann es aber nicht lassen, will es nicht lassen. Wenn ihre Arme sie vor der Unsicherheit beschützen können, dann wird Lea sie nicht daran hindern, ihr Schamgefühl verlangt es so, und mit einemmal wird ihr auch wieder bewusst, wie irrsinnig diese Situation ist. Was tut sie denn da bloß gerade? Sie muss das hier beenden, es war ein Fehler, und ihre Hände wandern schon zum Hinterkopf, um das Tuch zu lösen. Doch er steht hinter ihr. Sie hat nicht bemerkt, dass er aufgestanden ist, und er hält ihre Handgelenke fest, so fest, dass sie nicht aus kann, obwohl sie es versucht. Sie versucht es erst nur vorsichtig, dann, als es nicht geht, mit aller Kraft, aber er ist stärker, und sie gibt auf, wehrt sich nicht mehr, will sich gar nicht mehr wehren. Langsam führt er ihre Arme nach unten, bringt sie hinter dem Rücken zusammen und bindet sie dort mit etwas – einem Tuch oder Schal – aneinander. Er tut es langsam, überlegen, und gleichzeitig verebbt der eben noch übermächtige Drang, der Situation zu entkommen. Das Gefühl von Scham ist verschwunden. Lea ärgert sich kurz, den Kampf um ihre Arme verloren zu haben, aber sie ärgert sich nur aus verletztem Ehrgeiz, denn eigentlich ist sie froh, dass es so war und noch mehr, wie es jetzt ist. Denn nun kann sie gar nichts anderes mehr tun als das, was er beschließt, sie kann sich nicht bedecken, muss nichts mehr entscheiden, es gibt keine Auswahl an Möglichkeiten. Sie hat keine Wahl, und sie will auch keine. Ihr wird klar, dass die Unmöglichkeit, etwas zu tun, das einzige ist, was sie daran hindern kann, etwas tun zu wollen, und diese Erkenntnis überrascht sie. Überrascht und erregt sie gleichzeitig, so sehr, dass sie einen kleinen Schritt rückwärts macht, hin zu ihm, der immer noch hinter ihr steht. Sie drängt sich an ihn und spürt, wie sie damit ihre Erregung zu seiner macht, spürt seine Hände zurück auf ihrem Körper, flächendeckend. Sie zittert, als ihr

Slip fällt und er ihre Beine auseinander schiebt, seine Finger zwischen ihre Schamlippen gleiten lässt, erbebt, als er sie zum Sessel schiebt, ihren Oberkörper über die Lehne drückt, und sie flüstert »Bitte«, kurz bevor er sich alles nimmt.

Lea will die Augen öffnen, sie ist gerade aus ihrem großen roten Traum aufgetaucht, aus dem mächtigen freien Fall in einen ruhigen Schwebezustand übergegangen und möchte jetzt wieder um sich schauen, doch das liegt noch immer nicht in ihrer Macht. Da wird sie gelöst aus der Position, in der sie sich befindet, Schritt für Schritt in eine Richtung gelenkt. Sie hat die Orientierung im Raum längst verloren, und als sie offenbar angekommen sind, wird der Knoten auf ihrem Hinterkopf gelöst, das Tuch fällt raschelnd zu Boden. Leas Pupillen ziehen sich zusammen, die wieder gewonnenen Bilder erst verschwommen, ungenaue Umrisse. Sie schaut noch zu Boden, will ganz langsam in die Wirklichkeit des Sehens zurückkehren, nimmt Dielen, ihre Füße, seine Schuhe ein wenig dahinter wahr. Langsam schwenkt sie den Blick nach vorn, höher. Sie stehen vor dem Spiegel. Durch den golden verzierten Holzrahmen entsteht der Eindruck eines Gemäldes. Im Zentrum des Bildes ein Paar. Der Mann steht hinter der Frau, man sieht von ihm nur die Schuhe, Ausschnitte seiner schwarzen Hosenbeine, einen schwarzen Ärmel seines Hemdes zur Seite der Frau, einen Arm, der locker um ihre Taille gelegt ist, und seinen Kopf über ihrem. Sein Gesicht ernst, doch die Augen lächeln. Es scheint ein Selbstporträt des Malers zu sein. Der Ausdruck des Mannes verrät, dass er das Motiv eigens erschaffen hat, denn er blickt voller Zufriedenheit auf seine Schöpfung und sieht, dass es gut ist. Die Frau ist nackt, bis auf ein Paar zartgrauer Strümpfe. Einer davon ist ein wenig nach unten gerutscht, sein Rand nur ein kleines Stück oberhalb des Knies. Die Füße der Frau scheinen den Boden kaum zu berühren. Ganz unten im Bild ein seidig glänzendes dunkles Stück Stoff. Die Arme der Frau liegen auf ihrem Rücken, und durch den um sie gelegten Arm des Mannes, der sie schützend umschlingt und gleichzeitig vereinnahmt, verschmelzen die beiden Personen zu einer. Ihre Weiblichkeit und Schwäche, durch ihre Nacktheit unterstrichen, wird durch die Männlichkeit des Armes und der dazugehörigen Hand gesteigert, fast gewaltsam überzeichnet. Lea gefällt das Bild, die Frau von einer übernatürlichen fragilen Schönheit, der Mann übermächtig, die beiden in ihrer Verschmelzung perfekt.

Der Mann löst das Tuch um ihre Handgelenke, und mit einemmal hat das hermaphroditische Wesen auf dem Gemälde zwei weitere, bloße Arme, und alle vier legen sich nun um den weiblichen, sichtbaren Teil des Doppelkörpers herum, ineinander verschlungen. Die wunderbare Ganzheit erfüllt Lea und macht sie übermütig, so dass sie ihre Arme löst, seitlich ausstreckt wie eine Seiltänzerin, Balance haltend. Dann nimmt sie seine dazu, und gemeinsam tanzen sie auf ihrem Drahtseil hoch über einer imaginären Manege, ihr wird überhaupt nicht schwindelig, und selbst wenn, ihr kann gar nichts zustoßen. Lea lacht, sie lacht, und ihre Brüste zittern dabei, und dann lässt sie sich einfach zur Seite kippen, mal schauen, was passiert, und in dem Moment, in dem sie ihre eigenen Reflexe, sich zu halten überwunden, außer Kraft gesetzt hat, an dem Point of no Return, wird sie am Fallen gehindert, wird aufgefangen und in die Senkrechte zurückgebracht.

Tränen schießen ihr in die Augen, das kann alles nicht wahr sein, und wenn es wahr ist, dann ist es doch hoffnungslos. Plötzlich ist sie von entmutigender Angst erfüllt. Sie spürt, dass sie angekommen ist, weiß aber auch, dass sie hier nicht bleiben kann. Ihr ist in voller Klarheit bewusst, die eigentliche, die große Entscheidung bleibt bei ihr, die kann sie nicht abgeben, darf sie nicht aus der Hand lassen, und sie ahnt auch, dass es nur so richtig ist. Lea schmeckt ihre Tränen, und sie dreht sich um, wirft sich gegen die Brust des Mannes, ihr Gesicht in seinem Hemd, und seine Arme schließen sich um sie.

Lea zieht zum zweiten Mal an diesem Tag die Verschlüsse ihrer Stiefel hoch, schlüpft in die ihr gereichte Jacke. Sie geht noch einmal zu dem Spiegel, sieht eine ihr vertraute Lea, und doch scheint diese keine Ähnlichkeit mit ihr, mit sich zu haben, hat sich verändert ohne äußerlich nachvollziehbare Veränderung der gewohnten Merkmale, eine Verkörperung magischer Verwandlung, eine verzauberte Lea.

In der Tür bleibt sie stehen, möchte etwas sagen, Abschied nehmen, sich bedanken, und ein winziger Teil in ihr wünscht sich, am Gehen gehindert zu werden, obwohl der Rest weiß, dass sie selbst diesen Beschluss fassen muss, müsste, wenn es der richtige wäre. Sie dreht sich um, sieht ihn noch einmal genau an, saugt dieses Bild in sich auf, versucht, seinen Abdruck in ihrem Gehirn so stark wie möglich einzuprägen. Dann einen Schritt auf ihn zu, ihre Lippen erwarten die seinen, und dieser erste und letzte Kuss lässt alle Türen in Leas Kopf auffliegen, helles, warmes Licht strömt durch sie hindurch, ein Teil der Frühlingssehnsucht trifft sie. Dann geht Lea. Der Zauberer sieht ihr hinterher, und als sie sich noch einmal, schon einen Treppenabsatz weiter unten, umdreht und ihn anblickt, formen seine Lippen Worte, die nur sie lesen kann, die ihre wieder aufsteigenden Tränen versiegen lassen, bevor diese noch einmal entstehen können. Sie verstaut sie tief in sich, geht nun wirklich.

Am nächsten Kiosk kauft Lea eine Schachtel Zigaretten und einen Schokoriegel, gleitet schwerelos den schon einmal getanzten Weg zurück, erklimmt schwebend Stufen, vergisst dabei das Rückwärtszählen. Frank sitzt im Wohnzimmer, lässt raschelnd die Zeitung sinken, nimmt die bestellten Dinge entgegen. Beinahe schon wieder hinter bedrucktem Papier verborgen, sieht er noch einmal hoch, schaut ihr nach, wie sie in ihrem Zimmer verschwindet. »Gut siehst du aus«, hört Lea noch, dann steht sie auch schon am Fenster und hält Ausschau nach etwas, was anders ist als sonst. Schließlich legt sie sich aufs Bett, schließt die Augen und lauscht den tröstlichen Zauberworten in ihrem Inneren.

GELB

# RAMONES & PAELLA

Als der Bus um die nächste Biegung rumpelte, konnte man endlich das Meer sehen. Grünblau und ziemlich groß. Wie Meere für Touristenaugen eben so aussehen. Aber da verschwand es auch bereits wieder hinter den ersten Häusern des Dorfes. Ein Hund schlich am Straßenrand entlang, eine dürre, räudige Töle. Als Empfangskomitee etwas kläglich, aber für mich ein Bild des Glücks. Das Tier kniff den Schwanz zwischen die Beine und machte einen Satz die Böschung hinunter, als es von dem Schotter getroffen wurde, den die Reifen des Busses knirschend in alle Richtungen sprengten. Einen Augenblick später war ich im sagenumwobenen Paradies.

Ein verwahrloster kleiner Platz, von ausladenden Bäumen eingefasst, eine windschiefe Kioskbude und das Meer, waren das erste, was Meriga von sich zeigte, als ich dort neben meinem Rucksack im Staub stand und mich überwältigen ließ. Von Wasser, Dreck und Steinen. Und Farben, die ineinander flossen wie auf einem gottverdammten Aquarell. Ich verabscheue Aquarelle, aber dieses hier versetzte mich in einen Zustand sabbernder Verzückung.

Ich war die einzige Person gewesen, die der Bus neben dem schiefen, kaum mehr lesbaren Haltestellenschild ausgespuckt hatte. Und jetzt erst bemerkte ich, dass ich der einzige Mensch überhaupt war, der hier herumstand. Ansonsten keine Seele zu sehen. Das Paradies war ausgestorben.

Meine Hand kramte in der Hosentasche nach dem Zettel, auf dem Erik den Namen der Pension und einen kleinen Ortsplan gekritzelt hatte, und dann tappte ich los, das Meer rechts und der Rest links. Dann links und rechts Bananen, die große Palme geradeaus. Bei dem Laden, der, wie alles andere hier außer mir, Siesta machte, die steile krumme Gasse hinauf.

Pension Perdita.

Als ich oben war, drehte ich mich um und warf einen Blick auf Platanen, Kakteen, Dächer und Salzwasser, als hätte ich das alles erschaffen. Die Luft flimmerte, es war beinahe totenstill. Meine großstadtgequälten Ohren atmeten dieses Nichts ein. Der Wohlklang der Stille – wurde aber auch mal Zeit! Noch ein Blick, noch ein Lauschen, ich wandte mich wieder Perdita zu, da tönte es von einer der Dachterrassen über mir:

»Hola, guapa! Look here! Aquí!«

Ich hätte die Typen am liebsten von ihrem Scheißdach geschossen. Man hatte mein Paradies entweiht.

Ein paar Stunden später war erst mal alles wieder gut. Ich hatte meine gesamte Habe in dem kleinen Zimmer verteilt, unter dem dünnen Rinnsal im Gemeinschaftsbad kalt geduscht, eine Stunde Siesta nachgeholt, einige Zeit damit verbracht, den Mechanismus des Fensterschlosses zu begreifen und schließlich herausgefunden, dass man einfach nur ganz fest ziehen musste, um gegen die Lackfarbe anzukommen, mit der Rahmen an Rahmen klebte.

Dann ging ich los, meinen Ort ansehen und etwas essen. Fisch, Thunfischsteak, davon hatte Erik ohne Unterlass geschwärmt. Ich schritt also erstmal die obligatorische Restaurant- und Barzeile am Hafen ab, um mir einen Platz mit Blick auf die dümpelnden Fischerboote zu sichern. Es war nicht viel los dort. Ein paar Familien, ein paar ölige Strandsardinen, einige ältere spanische Männer an wackligen Cafétischen, in irgendein Brettspiel vertieft, eine getigerte Katze, die bei den Netzen nach Fischresten suchte. Auf der Schwelle eines mit Brettern vernagelten Restaurants die Dorfjugend. Vier etwas abgewetzt und schmutzig aussehende junge Männer mit Bierflaschen in der Hand.

Ich ging vorbei. Da schon wieder:

»E, guapa, eres Alemana?" Bist du deutsch?

Einer der vier stand auf. Er trug eine Lederhose, Schnürstiefel, ein schwarzes T-Shirt mit den Ramones drauf, eine

Sonnenbrille und wirre, leicht verfilzte Haare. Grinste. Genau mein Typ.

Ich wollte aber nur meinen Thunfisch haben, war nicht auf Männerfleisch aus.

Er ging drei, vier Schritte neben mir her, was ich ignorierte.

Dann gab er es auf und ich schlenderte weiter, setzte mich schließlich irgendwo an einen Tisch mit karierter Plastikdecke und versuchte, die Karte zu verstehen.

Es wurde dunkel, die Boote legten ab, die Familien verschwanden, nur hier und da promenierte ein Pärchen vorbei, und über allem lag das Rauschen des Meeres, das sich tiefschwarz im Universum verlor.

Als der Kellner gerade die letzten Tische abgeräumt hatte und nur noch ein kleines Licht über dem Tresen drinnen brannte, stand ich auf und wollte gerade den Heimweg antreten, zurück zu meinem Ferienpalast, als sich neben meinem Tisch drei Personen materialisierten. Die vierte war anscheinend irgendwo verloren gegangen.

Sie hatten Wein dabei, einheimischen, den ich unbedingt probieren sollte. Nach einiger deutsch-spanischer Organisationszeit wurde beschlossen, ein Feuer auf dem Pier zu machen, der wie ein mahnender Finger vom Strand in die Ferne zeigte.

So lernte ich Nando kennen.

Lange machte ich es an diesem Abend nicht. Die Reise, die Hitze, das Essen und letztendlich eine gar nicht laue, sondern verdammt kühle Nacht ließen mich nach meinem Bett verlangen, und ich wollte gehen.

Nando bestand darauf, mich zu begleiten, was ich ablehnte. Als er mein Nein auf einmal nicht mehr verstehen wollte, übersetzte ich es auf Spanisch und ließ ihn schließlich einfach stehen. Beharrlichkeit ist vielleicht eine Tugend, Aufdringlichkeit allerdings weit weniger, und überhaupt.

Die nächsten Tage verdunsteten wie das Meerwasser auf meiner Haut, ich genoss das langsame, träge Leben und tankte auf, dass es eine wahre Freude war. Ich las einen halben Meter Urlaubslektüre, sonnte mich, bis ich gar war und ließ die Seele aus meinem Fenster baumeln oder von meinem Lieblingsplatz, einem Felsvorsprung ganz am Ende des Strandes, wo meist niemand außer mir hinging. Wozu auch, es gab mehr als genug Platz für alle sonnenhungrigen Großstadtleichen wie mich.

Am vierten Tag, nachdem ich die ersten Abende mit Nando und seinen Anhängern verbracht hatte, lernte ich Uli, Martin und Nina kennen. Leute, um die ich in Deutschland wahrscheinlich einen Bogen gemacht hätte, oder vielmehr, mit denen ich zu Hause vermutlich nie in Berührung gekommen wäre. Im Urlaub ist man schon nach dem Austausch der Herkunftsorte befreundet. Weil ja alles so schön ist und jeder des anderen Bruder und Schwester. Die drei kamen mehrmals im Jahr hierher und waren sogar in Dorfgeheimnisse und -gerüchte eingeweiht.

Nando hätte drei Monate vorher seine Freundin ins Krankenhaus befördert, sein Motorrad in der Hauptstadt gestohlen, er wäre Vater einer fünfjährigen Tochter, deren Mutter eine Deutsche namens Inge wäre, und Nina erzählte mir außerdem hinter vorgehaltener Hand, dass er eine Österreicherin, die er mal in seine Hütte gelockt hätte, vier Wochen nicht mehr von dort weggelassen habe. Und die wäre jetzt in psychiatrischer Behandlung. – »Lass dich also auf gar keinen Fall mit ihm ein!«, raunte sie mir zu.

Dass er hinter mir her war, war mittlerweile nicht mehr zu übersehen, er folgte mir teilweise bis zur Bar, in die ich mich nachmittags zum Lesen auf einen Kaffee vor der brutalen Sonne flüchtete. Er ging wie ein Schatten hinter mir her, seit ich ihm am zweiten Abend, nach weiteren Aufdringlichkeiten, deutlich gemacht hatte, dass er mich in Ruhe lassen solle.

Wenn ich mich hinter meinem Buch versteckte, lehnte er am Tresen oder hing in einem Stuhl ein Stück von mir entfernt, mal war er alleine, mal hatte er sein Rudel um sich versammelt. Er war immer da, sah mehr oder weniger auffällig zu mir herüber oder versteckte sich seinerseits hinter den Spiegelgläsern der unvermeidlichen Sonnenbrille, ließ mich allerdings in Ruhe, wie ich ihm befohlen hatte.

Nach Ninas Geschichten über ihn, der angeblich sämtliche weiblichen Touristen Merigas auf seiner Matte gehabt hatte, der bei brütender Hitze in schwarzem T-Shirt, Lederhose und Boots herumlief und sein Motorrad auch anwarf, wenn er nur zum Pissen an den nächsten Baum wollte, ihn, der mit seinen Romanzen wohl auch nicht immer ganz behutsam umging, hatte ich mir tatsächlich geschworen, nicht an mich heranzulassen.

Nicht wegen der Krankenhausgeschichte, nicht wegen krimineller Delikte, nicht wegen der Österreicherin. Nein, ich hatte einfach keine Lust, mich der Warteschlange urlaubsflirtgieriger Damen anzuschließen. Das habe ich noch nicht mal ein paar tausend Kilometer von zu Hause entfernt nötig.

Das Einzige, worüber ich nachgedacht hatte, war sein Angebot, mir eine Inselführung per Motorrad zu spendieren. Da ich mir aber denken konnte, was er als Gegenleistung erwarten würde, strich ich diesen Programmpunkt bald wieder.

Nachdem er ein paar weitere Tage hinter mir hergeschlichen war, startete er eines Abends wieder einen Versuch. Auf dem Weg zu Perdita war ich im Bananenhain stehen geblieben, um den Himmel nach großen Wagen und Kassiopeias abzusuchen und vielleicht ein oder zwei Sternschnuppenwünsche loszuwerden, als er plötzlich neben mir auftauchte. Er muss gewartet und mich abgepasst haben. Wir wechselten ein paar

Worte, dann sagte ich gute Nacht und wollte weitergehen. Er versperrte mir den Weg.

Mir saß die Begegnung im Bananenhain später immer noch mehr in den Knochen, als ich bis dahin gedacht hatte. Ich hatte keine Angst verspürt, als ich mich an Nando vorbeigedrängt hatte und seine Hand, die mich am Ärmel festhielt, wegstieß. Aber früher oder später war dann doch das Bild in mein Bewusstsein gedrungen, das auch die drei Deutschen sahen: Eine junge Frau des Nachts mitten im Nirgendwo, keine Seele in Rufweite, ihr Heimweg von einem Typen blockiert, der nicht nur darauf aus ist, ihr ein Gänseblümchen zu schenken und der auch in der Vergangenheit nicht gerade zimperlich war, wenn es darum ging, eine Frau dorthin zu bekommen, wo er sie haben wollte.

Manchmal weiß ich nicht, wovor ich Angst haben soll – vor meinem starrsinnigen Glauben, dass mir schon nichts passieren wird oder vor den Horrorszenarien, die andere ausmalen.

Wir fuhren also auf die andere Seite der Insel. Dort sind Kneipen, Bistros und Discos aus dem Boden geschossen, wie wir sie von zu Hause kennen. Die Besitzer Deutsche. Wir tranken Cocktails, tanzten, sahen uns die anderen Touristen an, spielten Flipper und Billard. Ganz wie zu Hause.

Die herausfordernden Pesetenstücke lauerten auf dem Rand des Billardtisches, Uli und Martin gewannen als Doppelteam jedes Spiel, und bis Martin seinen Queue an mich weitergab, standen Nina und ich dabei und demonstrierten gespielte Bewunderung.

Als ich gerade den ersten Stoß ansetzen wollte, ließ mich irgendetwas aufblicken. Ich schaute auf die umstehenden Leute, senkte den Blick auf die zu sprengende Kugelschar, sah wieder hoch.

Nando.

Zwischen all den krebsrot verbrannten Touristen.
Sein entwaffnendes Grinsen.
Erwartungsvolle Gesichter harrten des Spielbeginns.
Seine besitzergreifenden Augen.
Wie konnte er wissen, dass ich hier war – weit außerhalb seines Reviers?
Ich ließ den Queue sinken und sah mich nach meinem Schutzengel um. Der vertrat sich wohl gerade draußen die Beine.
Sobald Martin von der Toilette wiederkam, fuhren wir zurück. Mir wurde das zu viel. Ich wollte doch nur meinen Urlaub genießen und war nicht etwa gerade dabei, einen schlechten Psychothriller zu drehen.

Ich kaufte mir ein Klappmesser. Erstens brauchte ich etwas, um auf meinen Ausflügen den einheimischen Käse zu zerteilen, und außerdem konnte man ja nie wissen.

Die nächsten Tage verbrachte ich hartnäckig allein. Die meiste Zeit saß ich auf meinem Felsen und hörte Musik. Ramones, welch ein Zufall.
Diesmal hatte ich ihn kommen sehen. Vielmehr, ich hatte beobachtet, wie er seine Maschine abstellte, mit jemandem sprach, Steine in die Brandung warf, zu mir hochsah.
Ich guckte aufs Meer.
Er kickte einen schlappen Basketball den Strand entlang und gelangte so zu den Klippen.
Und nun stand er unterhalb meines Sitzplatzes und rief mir etwas zu.
Ich nahm den Kopfhörer ab.
»Du willst Motorradtour machen? Hoy? Heute? Sag mir, wann! Quándo?«
»So um sechs, wenn es nicht mehr so heiß ist.«
»Bueno.«

Wir kurvten die Schotterpiste hinauf zum nächsten Ort, wo seine Cousine wohnte. Während mir ohne Helm der Fahrtwind um den Kopf pfiff und ich zusehen musste, dass ich mich gut an ihm festhielt, genoss ich wieder einmal diese unglaubliche Landschaft. Das Haus der Cousine lag an einem Hang, der in kleine Terrassen aufgeteilt war und so irgendeine Art der Landwirtschaft möglich machte. Wir saßen auf einer Bank, den Rücken gegen die Ziegelmauer und lasen das Horoskop der Woche. Nandos Cousine machte Kaffee und schabte den Rost aus einem alten Topf.

»Necesito un cuchillo. Tienes? Hat einer von euch ein Messer?«

Ich gab ihr meins.

Als sie fertig war, reichte sie es Nando, der neben ihr saß.

Er sah mich an.

»Hast du Angst vor mir?«

Er wog meine Waffe in seinen Händen, meinte »Das würde dir nicht viel nützen!«

Und führte ein paar blitzschnelle Bewegungen damit aus.

»Ich bin ein Meister damit.«

Als ich meine Hand ausstreckte, um das Messer entgegenzunehmen, packte er mein Handgelenk und fuhr mit der Klinge langsam die Innenseite meines Armes hinunter. Sein Blick hielt meinen gefangen, bis er das Messer einklappte und auf den Tisch legte. Benommen blinzelte ich in die tief stehende Sonne und strich die Gänsehaut auf meinem Arm glatt.

Am Abend kochten wir alle, meine Brüder und Schwestern, Nando und seine Untergebenen, eine teuflische Paella in dem ausgetrockneten Flussbett. Als sich die Runde langsam auflöste, nahm Nando mich an der Hand und sagte:

»Quiero mostrarte algo. Ich will dir was zeigen.«

Wir erklommen die Betonstufen, den ganzen hingegossenen Weg an der Nordseite des Dorfes, bis zu seinem Haus.

Ein einstöckiger Betonklotz oberhalb des Ortes. Wohnraum, Schlafzimmer, Bad. Ramones im Kassettendeck.

In der Tür zu seinem Schlafzimmer drückte Nando meinen Rücken gegen den Holzrahmen, während meine Finger hastig den Gürtel seiner Lederhose öffneten.

Bevor wir ineinander verschlungen einschliefen, dachte ich an mein Klappmesser, das auf dem Tisch der Cousine friedlich zwischen Kaffeetassen und Obstschalen schlummerte.

Als ich aufwachte, fiel mein Blick auf die von der Morgensonne beschienene weißgetünchte Wand neben dem Bett. SEX AND DRUGS AND ROCK 'N' ROLL war mit Kugelschreiber dort hingeschrieben. Es gibt Sachen, die bestehen alle Feuerproben. Am Kopfende des Bettes hing ein Foto von einem kleinen Mädchen. Seine Tochter, hatte er mir erklärt. Ich stolperte ins Bad. Auch dort: Morgensonne. Wenn auch ich vier Wochen hier verbringen muss, werde ich nicht unglücklich sein, dachte ich, als ich mich anzog.

Ich nahm den gleichen Weg zurück, den wir am Abend zuvor Hand in Hand emporgestiegen waren. Das Meer unterhalb schimmerte grüngolden, das Dorf war noch nicht erwacht. Ein dürrer, blassbrauner Hund schloss sich mir einen Teil des Weges an, bis er bei einer aufgeplatzten Mülltüte zurückblieb.

Der Bus fuhr alle drei Stunden von dem Platz ab, an dem er mich einst ausgeladen hatte. Mir blieb genügend Zeit, mich bei Perdita kalt zu duschen und meine Sachen einzupacken.

**DAS DATE**

Es war wieder einmal diese Zeit. Der Sommer machte erste Anstalten, sich zu verabschieden, und jeder wollte die letzten lauen Abende noch an dem perfekten romantischen Plätzchen im Grünen verbringen, mit allem, was dazugehört. Wer allein im Park unterwegs war, lief dementsprechend Slalom um knutschende Pärchen, stieß gegen von den Bänken abstehende umschlungene Beinpaare, stolperte über Bier trinkende Jugendcliquen im Schneidersitz oder fiel ganz einfach über eine über den Weg gespannte Hundeleine und fand sich dann in den Bergen von Ausflugsmüll wieder, die sich über die letzten Monate auf den Grünflächen angesammelt hatten.

Mir stand kein zweites Paar Beine zum Umschlingen zur Verfügung, ich war dem Jugendalter seit einiger Zeit entwachsen, führte keinen Hund mit mir, und noch dazu saß mein bester Freund irgendwo auf der anderen Seite der Erde und genoss die Tage, der alte Verräter.

Die Wochen waberten durch den Kalender Richtung Weihnachten, und die Supermärkte packten die Lebkuchen wieder aus. Ich fühlte mich übrig geblieben und allein gelassen und räkelte mich nach einigen Stürzen im Park mit meiner Sentimentalität zu Hause auf der Couch. Denn sexuell betrachtet war mein Leben alles andere als prickelnd, und ich vegetierte im Passiv-Modus einsam vor mich hin.

Davon hatte ich nun langsam genug. Genug davon, das Leben auf Sparflamme hinunter zu dimmen und zu warten, dass das Telefon klingelte. Davon, mehrmals täglich dieselben ausgetretenen Pfade vom Sofa zum Kühlschrank zu schlurfen. Und meine Bücher kannte ich auch alle schon. Beim zweiten Durchgang hatte sich die Lektüre durch Überfliegen der langweiligen Passagen bereits um einiges beschleunigt. Ich wartete darauf, dass etwas passierte. Dass ein Komet ins Badezimmer stürzte oder wenigstens eine Prise Sternenstaub durch den Kamin rieselte.

Dieser Zustand des Wartens hielt mich mit seinen dicken Pranken gefangen, hypnotisierte und lähmte mich und drückte meinen Hintern immer tiefer in die speckigen Polster meines Sofas. Und genau dagegen musste ich etwas unternehmen. Gegen diese dumpfe Trägheit in mir, die meinte, nur ein Impuls von außen könnte sie wach küssen.

Und dann saß ich eines Morgens am offenen Fenster, Kaffeetasse in der Hand, die Welt zu meinen Füßen, und ich schaute mir das dort unten mal genau an, sah Menschen, die irgendeinem Ziel entgegengingen, die einen schlenderten geruhsam dahin, manche rannten, um den Bus gerade noch abfahren zu sehen, andere stierten verbissen durch die Windschutzscheibe ihrer Wagen, aber alle schienen einer ihnen offensichtlich mehr oder minder bewussten Bestimmung zu folgen. Und dann schaute ich in mich hinein zu all meinen unerfüllten Wünschen und lang gehegten Hoffnungen, die überreif darauf warteten, endlich gepflückt zu werden, und ich dachte, jetzt ist es genug. Das steht alles zum Angebot, was ich da sehe, ich muss nur endlich meinen Arsch aus den Kissen heben, hingehen und mir meinen Teil nehmen.

Meine letzten Affären hatten alle im Bett geendet.
Damit will ich sagen, dass sie auf dem alten Eichentisch in der Küche, auf dem knarrenden Dielenboden im Flur oder, noch während des gemeinsamen Nachhausekommens, im Treppenhaus begonnen hatten, aber nach einer gewissen Zeit tat man es nur noch im Bett, als Routine vor dem Einschlafen bei laufendem Fernseher. Einem von beiden war das irgendwann bewusst geworden, und genau dann war es vorbei, weil die einstige Leidenschaft dahin war und mit ihr der Sinn des Miteinanders.

Mehr als einen Flirt aus der anfahrenden U-Bahn hatte ich seither nicht erlebt. Das einzige Frischfleisch war vielleicht Thomas, der hatte mich eines Tages auf der Straße angesprochen, ob er mir die Haare schneiden könne, aber da war ich eher entrüstet gewesen und hatte wissen wollen, ob er fände, dass ich einen Friseur nötig hätte. Meine Haare hatten seit fünf Jahren keinen Profi außer der hauseigenen Allzweckschere gesehen, insofern war ich in der Hinsicht ein bisschen empfindlich. Ich schlug ihm vor, vielleicht bräuchte er ja mal jemanden, der ihm seinen Lebenslauf auf Englisch übersetzen könnte und gab ihm meine Karte.

Und dieser Thomas hatte tatsächlich eines schönen Tages angerufen, und er hatte es auch noch einige Male hinterher getan, aber das war noch zu einer Zeit gewesen, als mein Telefon und der Rest meines Alltags gerade heißliefen, und ich hatte all seine Bemühungen, etwas mit mir auszumachen, in den Wind geschlagen. Trotzdem rief er unbeirrt auch noch ein fünftes Mal an – ich weiß noch, es war schon ziemlich spät und er nicht mehr ganz nüchtern – und erzählte mir von einem sexy Text, den er gerade gelesen hätte, und dass der sich auf Englisch bestimmt noch viel schicker anhören würde.

Zu dem Zeitpunkt war ich zwar ziemlich gerührt von seinem Versuch, zumal ich erst seit kurzem mein Bett allem, was nicht dem Schlaf diente, verwehrt hatte, war also gerade wieder allein, hatte aber irgendwas unglaublich Wichtiges fürchterlich dringend zu tun.

Zu blöd von mir. Denn jetzt saß ich da auf meinem Fensterbrett und wollte etwas erleben, das über einen Abend mit ARD-Krimi hinausging.

Es dauerte eine weitere Tasse Kaffee lang, bis ich mich entsinnen konnte, wohin ich seine Karte damals gesteckt hatte. Und das war schon eine mit ordentlich Aufwand – da stand in roten Buchstaben BODY ART drauf, und darunter schlang sich ein asiatisches Schriftzeichen um einen Alligator.

Ich machte es mir bequem, goss mich mit wieder gefundener Visitenkarte lasziv aufs Bett und las noch rasch ein paar Zeilen in der Cosmopolitan über die geheimen Obsessionen junger Frauen, bevor ich seine Nummer tippte.

Es ging ganz einfach, und schon war ich wieder zu derjenigen geworden, die die Karten neu verteilte. Ich warf also die Würfel meines Lebens und sagte etwas heiser: »Hallo Thomas, rate mal, aber ich finde, wir sollten es endlich mal tun.«

Ich meine, ist das nicht spontan? Ist das nicht mal eine Frau, die weiß, was sie will und es auf den Punkt bringt? Ist das nicht, was sich Männer immerzu wünschen? Vielleicht habe ich das ja falsch verstanden, mir dämmerte es später, aber das war eben später.

Er klang gut durch den Hörer, tiefe, raue Stimme.

Sagte, er hätte noch eben was zu tun, aber am Abend, da käme er rüber.

In dem Moment war es wieder Sommer, die Luft hing schwül und schwer im Zimmer und die Lebkuchenherzen schmolzen auf den Ladentischen.

Mir war heiß und ich wollte duschen, auf dem Weg ins Bad nahm ich die herumliegenden Pizzakartons mit und stopfte sie in den Mülleimer. Ich wusch mir die Haare mit dem teuren Rosenshampoo, und nachher lackierte ich mir noch die Zehennägel, warf die ausgebeulten Jeans – meine treuen Begleiter unzähliger unseliger Fernsehabende – in die Ecke mit der Schmutzwäsche und den alten Zeitungen und zwängte mich in das weinrote Kleid, eine meiner wenigen Eigenkreationen.

Das Kleid ist kurz und gut, und es abzustreifen, sieht, auch wenn man es in völliger Dunkelheit nach einer durchtanzten

Nacht tut, immer sexy aus, weil es so eng und der Reißverschluss eigentlich zu kurz ist. Ein Produktionsfehler.

Für diesen Abend genau das Richtige, dachte ich, als ich mein Haar mit einer einzigen Spange hoch steckte, damit es mit einem winzigen Handgriff offen, lang und rot auf meine Schultern herabfallen konnte – bei Bedarf.

Und Bedarf würde es schon geben, schließlich leben wir nicht mehr in einer Zeit, wo der Herrenbesuch nach einem jämmerlichen Drink höflich Abschied nimmt, um die Ehre der Dame nicht zu kränken.

Zuletzt wählte ich auch noch hochhackige Schuhe aus und zog sie an. In der eigenen Wohnung in Schuhen herumzulaufen, ist meistens irgendwie komisch, aber der abendlichen Verabredung auf Strümpfen die Tür zu öffnen, gehört sich auch nicht.

Bevor es klingelte, hatte ich außerdem den Küchentisch abgewischt und den Flur gefegt. Man weiß ja nie.

Die Kerzen in dem alten Leuchter waren gerade bis auf eine angemessene Länge heruntergebrannt – nicht zu kurz, sonst muss man gleich wieder aufspringen und neue suchen, und nicht zu lang, das sieht immer etwas peinlich aus, da stand er auch schon in meiner Wohnung. Und sah noch besser aus, als ich ihn in Erinnerung gehabt hatte.

Einfach umwerfend.

Mit einer schnellen Bewegung griff er um mich herum und erwischte voll den Lichtschalter, ohne mich zu berühren.

Die Küche erstrahlte in gellendem Neon, und als sich meine Pupillen gerade auf die Helligkeit eingestellt hatten, war ich auch schon in einen Plastikumhang gehüllt. Mit pinkfarbenen Blümchen drauf, die die Farbe meines Kleides zu Tode gebissen hätten. Aber von dem Kleid war ohnehin nichts mehr zu sehen – bis zu den Knien nur Blümchen.

»Na, dann wollen wir mal!«, hörte ich von schräg unten, und als Thomas aus seinem Rucksack wieder auftauchte, fuchtelte er mir mit einer glänzenden Schere vor dem Gesicht herum.

Ist das zu fassen? Da liest man artig Bukowski, Miller und Djian, um nicht wie ein Siebziger-Jahre-Beistelltischchen höflich übersehen zu werden, um Bescheid zu wissen und allem gewappnet zu sein, denn man sollte meinen, die Urtriebe des Mannes hätten sich über die Jahre nicht wesentlich geändert. Sogar Bier hatte ich im Kühlschrank.

Das habe ich dann später alleine ausgetrunken, damit ich dem Blick in den Spiegel standhalten konnte und um nicht so genau mitzubekommen, wie viel meiner einstigen überschulterlangen Lockenpracht ich da gerade in den Müllsack schaufelte.

**MISERERE***

Es war mir egal. Das heißt, eigentlich hatte ich es sogar satt. Das Meer.

Dieses eintönige Anrollen von salzigem Wasser gegen eine muschelverschorfte Mauer. Unaufhörlich. Wie jemand, der im Zimmer auf und ab geht. Es machte mich nervös.

Keine Ahnung, wieso ich überhaupt hier war. Eine blasse Erinnerung, wegzumüssen von zu Hause, schwirrte durch mein Hirn. Ein nicht mehr nachvollziehbares Bedürfnis.

Und jetzt der übliche Wahnsinn. Sich auf einen verschmutzten Strand schleppen, wo man zwischen öligen Leibern eingepfercht herumlag, ohne Schutz vor der alles versengenden Sonne. Menschliche Körper wie Tierhäute. Fußsohlen, die sich über glühende Steine quälten. Im Wasser kurzzeitige Erlösung. Und dann mit resigniertem Gesicht stolpernd zurück. Es war mir egal. Der dicken Frau mit dem taschenförmigen Hintern war die Brustprothese auf die Mitte des Bauches gerutscht. Eine sinnlose Regung von Mitleid ließ mich kurz trocken schlucken, und dann stand ich auf, raffte die salzstarre Strandmatte und ein paar weitere Dinge, die herumlagen, zusammen, um dieses Vorzimmer der Hölle zu verlassen.

Allein in einem engen, kargen Raum. Die alte einäugige Vermieterin hat mein Handtuch mitgenommen. Ich dusche unter dem dünnen Strahl einer rostigen Brause und trockne mich mit dem Laken ab. Lege mich aufs Bett. Ich bin rastlos, getrieben von der zähen Langeweile, die diesen Ort umgibt. Also ziehe ich mich wieder an und gehe nach draußen.

Es ist Mittagszeit und nicht viel los. Auf der Strandpromenade dösen unterbezahlte Kellner vor leeren Bars mit knallbunten Sonnenschirmen. Als ich vorbeigehe, ein paar müde Pfiffe und »Hellos«. Sie können nicht anders. Einen von ihnen sehe ich versuchsweise herausfordernd an. »You want something? What can I do for you?« – Eine leere Versprechung seinerseits.

Ich könnte ihm sagen, was ich eventuell noch möchte, aber zu Hause sitzt seine Frau und brüllt die gemeinsamen Kinder an. Ich gehe einfach weiter. In den engen Gassen steht der Gestank von erhitzter Katzenpisse.

Zurück in meinem Loch. Durchs offene Fenster wabert dumpf träge Luft herein und vermischt sich mit Schweiß und trüben Gedanken. Eigentlich ist alles eins. Ich lasse mich hintenüber aufs Bett fallen, eine durchgelegene, fleckige Matratze voller eingetrockneter Körperflüssigkeiten. Irgendwie schlafe ich doch ein, während der Fensterladen gegen die Außenmauer klappt, und ich träume davon, dass ein riesiges Kartenhaus über mir zusammenfällt. Als ich schwitzend erwache, hat sich die verdammte Hitze noch immer nicht verzogen. Von irgendwoher hört man ein Winseln. Phil Collins. Der Wind lässt die Töne an- und abschwellen, und die Absurdität einer solchen Musik in dieser Umgebung veranlasst mich dazu, unwillkürlich hysterisch loszulachen. Ich ziehe mich halb an, trete auf den schmalen Balkon hinaus und sauge den Gestank verbrannten Hammels in meine Nase. Die Disco scheint im ersten Stock der Pension stattzufinden. Weiter weg plärrt ein Kind. Ich kann das gut verstehen.

Ohne mich um Schuhe zu kümmern, verlasse ich das Zimmer, die Tür bleibt angelehnt. Zwei Treppen weiter unten spähe ich durch den Türspalt. Jemand liegt auf dem Bett. Die Musik hämmert sich aus winzigen Lautsprechern in einen verdunkelten Raum. Ein Mann. Mein Blick fällt auf ein Paar plumpe, flache Damenschuhe. Schwimmflügel. Was soll's – er scheint allein zu sein. Ich drücke die Tür weiter auf. Barfuß hinein. Erstaunte Augen, ein Griff zur Brille auf dem Nachttisch, er ist nur mit Shorts bekleidet, mit lächerlich gemusterten Boxershorts.

Er springt auf, ich lehne mich gegen die Türklinke. Sie drückt in meinen Rücken, und das erste Mal seit Wochen spüre ich wieder etwas.

»Was …«, er stockt, blickt an mir herunter, »was wollen Sie?« Ich könnte ihn freundlich bitten, die Musik leiser zu drehen.

»Sei so gut und tue, was ich dir sage«, schnappe ich ihn an, und er rückt die Shorts zurecht und wird ganz eifrig. Eigentlich hätte ich Lust, irgendetwas Spitzes in diese grell orangefarbenen Schwimmflügel zu rammen, das hätte garantiert eine Menge symbolischen Wert. Vielleicht sollte ich wenigstens die Tür absperren, aber irgendwie ist es mir auch egal. Dieser Idiot hat doch tatsächlich wieder die Brille abgenommen und fährt sich hektisch durch strähniges Haar.

»Ich … meine Frau wird aber wahrscheinlich gleich wiederkommen, ich weiß nicht, ob …« Der Satz versickert in speichelndem Kichern.

»Wird schon reichen«, bekommt er als Antwort.

Er braucht sowieso nur drei Minuten, dann lässt er mich im Stich. Trotz seiner ängstlichen Blicke zur Tür kriege ich ihn danach noch dazu, den Rest mit einer Colaflasche zu erledigen, allerdings ohne echten Gewinn auf meiner Seite. Unbefriedigt schleppe ich mich ins Bad, um seine Bastarde im Klo runterzuspülen, aber die Spülung blockiert, und so bleiben die milchigen Schwaden in dem trüben Wasser zurück, und ich überlege, ob ich ein Papierschiffchen mit einer Nachricht für die Gattin auf der Brühe schwimmen lassen soll.

Eigentlich habe ich keine Lust, noch mehr Zeit in diesem geschändeten Familienparadies zu verbringen, aber an der Tür fällt mir etwas ein, und ich trete noch kurz den billigen Ghettoblaster vom Nachttisch und schleudere im Gehen ein »Und mach das verdammte Gejaule leiser!« über meine Schulter zu dieser Karikatur eines Mannes zurück, die wie ein erschrecktes Meerschweinchen unter dem Bettlaken hervorspäht und sich auf die Beichte vorbereitet.

Auch der Abend bringt keine Erlösung von der schmierigen Schwüle, und selbst nach dem fünften Mal Duschen habe ich das Gefühl, den klebrigen Film von Dreck, Schweiß und fadem Mittelstandsehe-Sex nicht loszuwerden. Gegen Mitternacht, nach einer Stunde Halbschlaf auf dem rauen Putz des winzigen Balkons, stelle ich mich ein letztes Mal unter das Rinnsal, in der sinnlosen Hoffnung auf etwas Seelenfrieden, während ich durch das Loch in der Wand hinunter auf die Gasse sehe, wo in dem fahlen Licht der einzigen intakten Straßenlaterne eine räudige Katze entlangstreicht.

Jetzt erst bemerke ich das Salzwasser, das mir aus den Augen übers Gesicht strömt, und verwundert gehe ich nach nebenan und lösche die Lampe.

*Miserere:
1) lat.: »Erbarme Dich«
2) Koterbrechen, Spätsymptom bei völligem Darmverschluss

**GRAU**

**SCHRÄGLAGE**

Das Neue schockiert mich. Es greift unerwartet in eine funktionierende Symbiose von Körper, Geist und Umwelt ein und zwingt einen, etwas zu fokussieren, das bis dahin angenehm unscharf gewesen ist. Das Neue konfrontiert einen mit seinem Inneren, etwas, das man nicht zufällig und unbeabsichtigt verborgen mit sich herumschleppt. Gefühlsgedärm. Wer will so was schon? Es reicht, Gefühle als kurze prägnante Aussagen zu formulieren, nur damit sich andere und man selber ein ungefähres Bild machen können. Das ist völlig genug. Dazu muss man sich nicht sezieren und die emotionalen Innereien auf den Tisch kippen.

Das Neue überfällt einen, wenn man sich gerade in Sicherheit wiegt, wenn man eben beschlossen hat, dass unten nun mal unten und trüb nun mal trüb ist und dass man sich darüber beim Aufwachen keine Gedanken machen muss. Die Gesetze sind geschrieben, und zwar nicht von mir, und das hat etwas ungemein Beruhigendes. Man muss sich nur an sie halten. Und weiterwaten durch den Lebensschlamm. Schritt für Schritt. Was einem dann begegnet, ist nur eine Modifikation des Bekannten. So einfach könnte es sein, und Gott sei mein Zeuge, dass ich nichts getan habe, um das zu ändern!

Trotzdem finde ich mich überwältigt von Neuem wieder. Nichts ist wie vorher. Der Raum ist gestochen scharf in gellenden Farben, es gibt Geräusche und eine Sensation auf der Haut, als mein Arm den Körper neben mir berührt. Vor dem Bett eine alte Decke, im Flur Stiefel in wässriger Lache. In meinem Kopf vage Erinnerungen daran, wie ich in diese Situation geraten bin.

Am Anfang steht ein Glas auf dem Tresen. Es ist noch halb gefüllt und die Welt gehorcht ihren Gesetzen. Auf der Straße gehen Schatten eilig ihrer Wege. Dann fahren nur noch ein paar

Taxen vorbei. Der Laden angenehm vertraut. Die Gesichter, so weit erkennbar, ebenfalls. Gewohnte Anonymität. Die Registrierkasse leider neu. Die alte spie die Bons perforiert aus, diese erwartet, dass man das Papier über ein gezahntes Metall zieht und abtrennt. Das Licht zu hell, wie gehabt, dafür wackelt jetzt der Wasserhahn über dem Spülbecken.

Ich bin weitestgehend unsichtbar. Sitze in der Biege des Tresens, den Rücken gegen die Wand, und beobachte das gewohnte Vorgehen im Raum mit seinen im Verlauf des Abends geringfügigen Abwandlungen.

Die Welt geht seinen mir angenehmen Gang. Die Schwerkraft zieht nach unten, die Zentripetalkraft nach innen, und wer möchte da draußen auch schon sein, wo einem brauner Schneematsch innerhalb kürzester Zeit das Leder der Schuhe verdirbt und sich ob der Minusgrade durch stetig hoch gezogene Schultern die Nackenmuskulatur verkrampft. Auch ein gewohnter Vorgang, dass einen ab und an einer mit überzähligem Bier im Magen stumpf von der Seite anspricht, irgendetwas darüber, dass ich allein hier sitze und ob ich noch etwas vorhabe. Habe ich nicht. Einen Gin Tonic lasse ich mir auch nicht ungern bezahlen, jetzt, wo die fetten Jahre ja vorbei sind. Bekannt seine Sätze, es geht um Belanglosigkeiten, nichts Neues, nur das Jahr hat vorgestern erst begonnen, aber wen stört das? Da kann man ruhig noch ein Getränk bestellen, in die durch die mittlerweile vergangenen gemeinsam nebeneinander verbrachten Stunden schon einigermaßen vertrauten Augen blicken, auch seine Hand auf meinem Knie wird zur Gewohnheit. Selbst die Komplimente kommen mir bekannt vor. Äußerungen über mein Aussehen, meine Augen, mein Lachen. Ich lache. Durch den Raum treibt »I will survive«, zieht in Schwaden an uns vorbei, hüllt uns ein, wir formen die Wörter mit dem Mund nach, können das gesamte Lied auswendig und müssen lachen. Sein Lachen mischt sich mit meinem, produziert neues. Sein Geruch erinnert mich an etwas, ich lasse mich treiben durch den altbekannten Spielverlauf, der die Zeiger der von einer Nikotinschicht gelblich verglasten Uhr hinter dem Tresen genauso antreibt, wie er unseren vom Alkohol kanalisierten Gemütszustand in die für diese Situation erforderliche Schräglage bringt und die uns umgebende Gästezahl reduziert, bis alle Stühle auf den Tischen stehen. Draußen vor der Tür kondensieren die auf einmal ernüchtert schüchternen Sätze als Sprechblasen in der klirrenden Luft. Ich verheddere eine Haarsträhne in dem Reißverschluss meiner Jacke, zerre. Jetzt kommt sie dir nicht mehr aus. Unsere Schritte gedämpft durch den Schnee, rhythmisches Knirschen. Fahl erleuchtete Häuserreihen mit von den Laternen gelb reflektierenden Fronten ziehen träge an uns vorbei, sein Arm wärmt meine Schulter durch Leder, Kunstfasern, Daunen und Haut hindurch, die Minuten tropfen, gefrieren, erstarren zu Eiszapfen.

Einer der vielen, unendlichen Hauseingänge verschluckt uns, ich bin hier noch nicht gewesen, aber ich kenne das Gefühl meiner Sohlen auf dem groben Teppich, der mit Messingstangen auf den Treppen befestigt ist. Auf irgendeinem Stockwerk die Tür, zu der sein Schlüssel passt. Der Hund ist mir neu, ihm nicht, wird begrüßt, wirft sich auf den Boden und zeigt uns seinen Bauch, will mit uns spielen. Wir führen das begonnene Spiel lieber ohne ihn weiter, mein Haar und der Reißverschluss sind wieder frei, meine Schultern auch, seine Hände bedecken meine Brüste, kühlen sie ab, wärmen sich auf. Alles geht seinen gewohnten Gang, fünf Knöpfe jede Jeans, dann erreicht der erste Kuss meinen Mund, die Schräglage kippt, wir landen weich und die Kälte flieht endgültig, seine Finger tasten meinen Bauch hinunter, immer weiter, meine Hand sucht sein Geschlecht, umfasst es, fühlt die Reaktion, seine Finger gleiten in mich, und die Küsse hören nicht auf, beschäftigen unsere Münder und machen

Worte überflüssig. Blut fließt in aktivierte Regionen unserer Körper und regt ihre Funktionen an, Haut streicht über Haut, die Begierde bricht sich ungehindert Bahn, lässt ihn in mich eindringen, wieder und wieder, hartes Fleisch in weichem Fleisch, die Erde dreht sich unaufhaltsam weiter. Die Schwerkraft setzt aus, und trotz seiner Hand, die nun meinen Mund verschließt, entflieht mir ein Schrei, begrüßt das Ziel, und er ergießt sich warm auf meinen Bauch. Das Atmen setzt wieder ein, mit ihm die Naturgesetze, das Spiel ist gespielt, der Rest Improvisation.

Ein leichter, regelmäßiger Lufthauch von seinem Mund an mein Ohr, ich betrachte den fremden Raum, unbedeutende Gedanken schwimmen durch meinen Kopf. Durst kratzt in meinem Hals. In der Küche ein Glas, der Wasserhahn und der Hund. Springt auf, lässt sich kraulen, ist ebenfalls noch nicht müde. Läuft zur Wohnungstür, kommt zurück. Auch er mit Körperfunktionen, Bedürfnissen, die in diesem Falle auf menschliche Zuwendung angewiesen sind, um gestillt zu werden. Die domestizierte Bestie, geistloses Fleisch unter fremder Herrschaft. Wedelt mit dem Schwanz. Ich bekleide mich, finde im Flur Halsband und Leine, keinen Schlüssel, vertraue auf die Lautstärke der Türklingel und lasse mich von vier Beinen ins Treppenhaus ziehen. Die Nacht draußen nicht dunkel, sondern in gespenstisches Licht getaucht, Schneeflocken treiben durch die Stille.

Was ist Glück, überlege ich, als ich einen von Silvesterknallerresten vermüllten Platz überquere. Vielleicht das Gefühl, wenn man nichts mehr erwartet und nicht mal auf die Idee kommt, darüber nachzudenken, was Glück ist. Vielleicht das, was ich gerade fühle. Keine Erwartungen haben, einfach nur weiterlaufen, die Füße schlingern über gefrorenen Schneematsch, Slalom zwischen aufgeweichten Raketenhülsen und verendeten Knallfröschen, einfach froh sein, dass es weitergeht;

nichts wollen, weil es sowieso nichts gibt, was man wollen könnte. Vielleicht ist es die Zeit, in der Altes bereits beendet und Neues noch nicht begonnen worden ist. Der Himmel muss grau sein, denn blauer Himmel weckt Sehnsüchte nach Badeseen und fröhlichen Menschen, gutes Wetter macht froh, und damit hat man wieder einen Wunsch, nämlich den, dass es immer gutes Wetter gebe, und Angst, dass es bald regnet. So, wie's hier aussieht, ist es vollkommen gleichgültig, was passiert. Es ist alles eins. Und damit vielleicht Glück.

Der Schnee fällt dichter, Kälte kriecht in endlich ermüdete Knochen. Der Auftrag ist erfüllt, der Rückweg kann beginnen. Dieselbe Straße zurück, zuerst können wir die alten Spuren ein zweites Mal umgekehrt gehen, dann verwischt alles, zahllose fremde Abdrücke in gestern erstarrtem Matsch unter einer dünnen Decke aus Neuschnee. Häuserfronten ohne Gesicht, eine lediglich vage Ahnung der ursprünglichen Richtung. Vorher unbeachtete Straßenschilder wecken nun keine Erinnerungen, narren die Wiedererkennung. Der angeleinte ortskundige Geruchssinn blickt mich vertrauensvoll hechelnd an. Eine unbestimmte Ahnung von Verzweiflung macht sich breit, die Welt strauchelt, kommt aus dem Tritt, Funktionsfehler. Panik! Was bis gerade eben noch eine logische Folge von Handlungsmotiven war, verschwindet unter einer immer dichter werdenden Schicht wirrer Gedanken und Gefühle, die durcheinander wehen wie die Flocken, die uns beide umgeben, uns zum Hohn ihren grausamen Reigen tanzen in dem Wissen, dass sie, von der Schwerkraft geleitet, irgendwann ihr Ziel erreichen werden.

Viel später, sehr spät, nach einer langen albtraumhaften Reise durch Nacht und immer stärker werdenden Wind, der einem beinahe schon unwirkliche, jeglicher natürlichen Ordnung trotzende Grimassen mit Schweif und Krone vorzugaukeln versuchte, drehen meine tauben Finger mit Mühe und Not einen Schlüssel, vertraute Wärme und für einen von uns heimische

Gerüche empfangen uns. Ich finde meinen alten Schlafsack, lege ihn neben mein Bett, und synchron fallen wir in traumlose Leere.

Nach drei Wochen allnächtlichen Aufenthaltes in der Biege des Tresens, den Rücken gegen die Wand, vorbeiziehende Anonymität im Blick, die von Lärm und Ausdünstungen betäubte Kreatur zu meinen Füßen, beende ich schließlich das Warten, drücke die Wohnungstür ins Schloss, mache es mir auf dem Sofa bequem, meine Hand krault weiche Hundeohren, das Leben rinnt weiter. Ich nenne ihn Erlkönig.

**MEINE LIEBE**

Zu viel Liebe kann es nicht geben.

Die Gesellschaft geht daran zugrunde, dass die Menschen einsam sind, ihnen die Geborgenheit eines Partners fehlt, der abends nach Hause kommt und seine qualmenden Füße auf den Wohnzimmertisch legt. Sie scheitert daran, dass immer mehr auch junge Leute in Kingsize-Betten verloren herumliegen und sich in den Schlaf heulen, weil sie niemanden haben, der ihnen nachts einen Ellbogen in die Rippen rammt oder sie durch sein Schnarchen wach hält.

Die Gesellschaft produziert auch zu viel Müll, weil der Inhalt der Konservendosen in den Discount-Märkten nicht für Single-Haushalte abgemessen ist, sondern mindestens zwei Personen von einem Glas Rotkohl ernährt werden müssen und in einer Ein-Personen-Küche eine Woche später das noch halb gefüllte Glas in den Eimer unter der Spüle wandert, weil kein Single der westlichen Welt an zwei Tagen hintereinander Lust auf Rotkohl hat. Am dritten Tag hat man die angebrochene Konserve vergessen, und sie tritt auch nur aus Gründen des Platzgewinns im Kühlschrank schließlich wieder zutage, aber dann ist es immer schon zu spät.

Wir leiden unser halbes Leben an Rückenschmerzen, und das liegt am Stress, aber auch daran, dass wir niemanden haben, der uns den Nacken massiert und wir am Ende des Tages zusammengekrümmt und von Heulkrämpfen geschüttelt vor Erschöpfung in dem viel zu großen Bett einschlafen, dessen Ausmaße die unserer Einsamkeit widerspiegeln.

Unsere Gesellschaft leidet an emotionaler Bedürftigkeit, die nicht durch 0190-Nummern oder Table-Dance-Bars gelindert werden kann, echte Zuneigung oder gar Liebe kann man nicht kaufen, da gebe ich John und Paul recht. Die Telefonseelsorge lebt von verwaisten Gefühlen und enttäuschten Hoffnungen. Das Geschäft floriert. Demgegenüber ist die Selbstmordrate unter Personen in glücklichen Beziehungen verschwindend gering.

Wir alle brauchen Liebe, aber immer weniger von uns haben das Gefühl, überhaupt ein Minimum davon zu erhalten, um wenigstens einigermaßen überleben zu können.

Ein Zuviel gibt es nicht, höchstens für Personen mit Bindungsängsten, aber auch nur auf den ersten Blick. Sie müssen sich von ihren Ängsten emanzipieren, und alles wird gut, kraft der selbstlosen, der wahren Liebe.

Meine Mutter hielt mich früher immer einfach fest, wenn ich mich aufgeregt habe, wenn ich meine furchtbaren Wutanfälle bekam, und ich habe dann gekratzt, gebissen und um mich getreten, aber sie drückte mich an sich, dass ich kaum noch Luft bekam, stattdessen Platzangst und einen roten Kopf. Ich weiß nicht, woher sie die körperliche Kraft nahm, denn schon früh war ich größer als sie, aber sie hat beharrlich und mit eisernem Griff mich und an ihrer Methode festgehalten. Und sie behauptete dann immer, das täte mir gut, so würde ich ihre Liebe spüren, ihre bedingungslose mütterliche Liebe, der ich sowieso nicht entkommen könnte, egal, was auch passierte, und nach einer halben Stunde war ich dann tatsächlich irgendwann entkräftet, entleert, aber wieder ruhig. Und wenn ich jetzt zurückdenke, weiß ich, dass sie Recht hatte, sie muss Recht gehabt haben, denn sie war ja, verdammt noch mal, meine Mutter. Ich weiß, dass sie Recht hatte, es muss so gewesen sein.

Als ich dich kennen lernte, war alles zuerst sehr schwer für uns. Du hattest dein eigenes Leben, deine Freunde, die deine Zeit und Kraft einforderten und uns so wenig übrig ließen. Du wolltest nicht mit mir zusammenziehen, hattest Angst vor Nähe. Du hast mir Leid getan mit deinem nach außen vollendet ausgeformten Selbstbewusstsein und deiner inneren Zerrissenheit, deinen Fluchten in die Einsamkeit. Ich musste

Tricks anwenden, um dich an meine Seite zu holen, um dich vor dir selbst zu schützen. Habe nachts angerufen und behauptet, es sei jemand an meiner Wohnungstür und ich hätte Angst. Diesen Umweg über deinen Beschützerinstinkt musste ich gehen, sonst wärst du in deinem Gefühlsvakuum erstickt. Ich musste damals auch die versuchte Vergewaltigung vortäuschen, damit deine Freunde dich von eurem Bowling-Abend gehen ließen, denn sie hatten nie Verständnis für unsere Beziehung. Sie hatten keine Ahnung davon, was wahre Liebe bedeutet, und manchmal tun sie mir noch heute Leid, wenn ich an sie denke, die allesamt und jeder einzelne von ihnen nie eine solch erfüllende Beziehung erleben durften, wie wir sie haben. Sie waren neidisch, das weiß ich jetzt, unbewusst ahnten sie ihre eigene Unfähigkeit zu lieben, aber sie konnten es natürlich nicht zugeben. Dass ich mir damals selbst die Oberschenkel aufgeschlitzt hatte, das habe ich dir natürlich nie erzählt, denn du solltest dich ja stark fühlen neben mir. Ich wollte nicht in deinen Wunden herumstochern, nicht mit dem Finger auf deine Schwäche zeigen, die darin bestand, nur blind den Forderungen deiner Freunde nachzukommen und nicht deinen eigenen Weg, der unser gemeinsamer war, zu gehen. Ich habe dich in dem Glauben gelassen, mein Held und Retter zu sein, gebraucht zu werden. Nie hätte ich es gewagt, dir deine Fehler vorzuhalten oder dir Ratschläge zu erteilen, wie du dein verkorkstes Gefühlsleben, deinen Widerwillen gegen Nähe, der eigentlich nur eine Angst davor war, ausgenutzt und betrogen zu werden, in den Griff bekommen könntest. Nein, zu den Stärken einer Frau gehören Subtilität und Einfühlungsvermögen, besonders dann, wenn es um wahre Liebe geht. Und dass es bei uns darum geht, das wusste ich sofort. Du als Mann konntest das nicht so schnell begreifen, dazu fehlt deiner Spezies die Intuition, aber um das auszugleichen, gibt es uns Frauen, gibt es, für dich, mich. Wir sind von der Natur dafür ausgerüstet, euch zu dienen, euch zu helfen, über eure Fehler und Unzulänglichkeiten hinwegzugelangen, euch zu lieben, und dass ihr euch zuerst dagegen wehrt, das ist auch eine Laune der Natur, die euch dazu veranlasst, immer und überall erstmal kämpfen zu müssen. Scheinbar ist euch ein allzu leicht erschwingliches Glück nichts wert. Das habe ich begriffen, darum ließ ich dich kämpfen. Ließ dich kämpfen, aber dein Sieg war von mir gelenkt. Es war ein Sieg über dich selbst, den du ohne meine Hingabe und meine Bedingungslosigkeit nie errungen hättest. Und ich weiß, dass du es mir dankst, auch wenn du es nie so sagen würdest.

Aber wie sollte man auch seinen Dank für etwas so Großes angemessen ausdrücken? Das zu erwarten, wäre grausam. Wie soll man sich dafür bedanken, dass man lebt? Die Liebe braucht keine Dankesreden, in der Liebe versteht man blind, was der andere meint; wenn der andere glücklich ist, ist man es selbst auch. Und deshalb weiß ich, dass du glücklich bist, auch wenn du es mir nicht sagen kannst. Doch selbst wenn du könntest, wenn du dazu in der Lage wärst, deine männliche Natur würde es zu verhindern wissen.

Ich habe nichts dafür haben wollen, als ich dich endlich von der Last deines Jobs befreit habe, unter dem du so gelitten hast. Jeden Abend hast du dich darüber beschwert, wie viele Stunden deiner Zeit du an deinen Chef verschwendest, wie anstrengend deine Arbeit ist und wie dürftig du dafür entlohnt wirst. Ich tue dir Unrecht, wenn ich behaupte, du hättest dich beschwert, denn das hättest du nie getan. Aber ich habe es gemerkt, in deiner Stimme, wenn ich dich mittags im Büro anrief, um dir so eine tägliche Extra-Pause zu gönnen. Und auch, wenn ich dich wie jeden Abend, den ich nicht bei dir sein konnte, anrief. Du klangst erschöpft, warst wortkarg, konntest meine Umarmungen kaum genießen. Ich war so froh für dich, als das alles ein Ende hatte, und ich fordere auch keine

Wiedergutmachung für meine Mühen. Es war nicht leicht, deinen Boss davon zu überzeugen, dass er dir kündigen solle. Denn ich wusste, du würdest dir nie die Blöße geben, es selbst zu tun und damit zu zeigen, dass du überfordert warst. Aber es war ja nicht nur Überzeugungsarbeit, es war Prostitution, und wenn es nicht für dich gewesen wäre, ich hätte es nicht gekonnt. Aber zum Glück sind Männer ja sehr leicht zu durchschauen, es bedarf nur weniger Zutaten, um ans Ziel zu gelangen. Viel Dekolleté, ein kurzer Rock, ein zur rechten Zeit heruntergefallener Bleistift, nach dem man sich bückt. Um es durchzustehen, musste ich zuerst noch die Zähne zusammenbeißen, den Ekel hinunterschlucken, der in mir aufzusteigen versuchte, als mir sein zäher, übel riechender Speichelfaden zwischen die Brüste rann. Dann ein paar heimliche Treffen, für die er immerhin mit teurem Essen und ein paar ebensolchen Geschenken bezahlte. Zwischendurch musste ich aufpassen, mein Ziel, unser Ziel nicht aus den Augen zu verlieren, denn er war eigentlich immer sehr aufmerksam und großzügig, und ich empfand am Ende immer häufiger ein merkwürdiges Gefühl der Befriedigung, wenn sich sein massiger, schwitzender Körper auf und vor allem in mir bewegte, er schließlich meinen Kopf an den Haaren nach hinten zwang und sich über mein Gesicht ergoss. Doch ich schaffte es, dir treu zu bleiben und in deinem Sinne unser Anliegen vorzubringen. Er hätte ja sowieso alles für mich getan; die Drohung, seine Affäre mit mir der Gattin zu beichten, das war eigentlich nur das Pünktchen auf dem i, mein Racheakt an deiner statt. Bei Gott, nur die Kraft der Liebe hat es mir möglich gemacht, das alles für dich auf mich zu nehmen. Natürlich wusste ich, dass du – Mann, der du bist – trotz all deiner Erleichterung über das Ende deiner Ausbeutung durch die Firma erst einmal aufbegehren musstest, dass du auch mit dieser für dich einfachsten Lösung nach außen kein Einverständnis zeigen konntest. Es tat ein bisschen weh, dass du nicht verstehen wolltest, was für eine Freiheit ich dir mittels meines ganzen Einsatzes geschaffen hatte, dass du dich zu der Zeit noch nicht besser unter Kontrolle hattest, als deine Wut an mir auszulassen, mir Vorwürfe zu machen, und so die Hand zu beißen, die dir Futter gab. Es überstieg dann auch meine Fähigkeiten, dich zur Ruhe zu bringen, und so musste ich wieder ein bisschen tricksen, damit du endlich die dir zustehende professionelle Hilfe bekamst. Ich habe das Blut im Badezimmer später fast vollständig wieder entfernen können, nur ein paar Fugen hatten sich zu sehr damit voll gesaugt. Ich habe nicht geahnt, dass ich so bluten würde, aber der Notarzt und die Polizei haben mich aufgeklärt und mir versichert, dass Menschen in ihrer Eifersucht oft instinktiv den größtmöglichen Schaden anrichten und häufig genau die lebenswichtigen Organe des Opfers treffen. Du kannst von Glück sagen, dass die Rollen in unserer Gesellschaft so verteilt sind, wie es den Anschein hatte, denn ich war dann doch zu geschwächt, um noch mehr vortäuschen zu können. Aber so war die Sache klar – ich: die kleine, zerbrechlich wirkende (und an der Halsschlagader lebensgefährlich verletzte) Frau; du: der kräftige Mann, der mich immer noch beschimpfte, als die Sanitäter und die Bullen längst da waren, der lahm seine Unschuld beteuerte, dessen frische Fingerabdrücke aber treu und zweckdienlich auf dem Küchenmesser zurückblieben, das ich dir zu unserem Jahrestag geschenkt hatte. Du kannst also wirklich dankbar sein, dass es keinen Grund gab, an einem Verbrechen aus leidenschaftlicher Eifersucht zu zweifeln, denn sonst wärst du mich los gewesen, und das hätte dich in die Anfänge der männlichen Evolution und deiner eigenen gefühlsreduzierten Geschichte zurückgeworfen, aus denen ich dich so selbstaufopfernd erlöst hatte.

Während ich dich jetzt betrachte, branden in mir die großen Gefühle auf, die mich antreiben, seit ich dich zum ersten Mal sah. Die Liebe, diese große, alles übertönende Liebe zu dir, der

Stolz auf dich, auf uns, dass uns nichts trennen kann, jetzt nicht mehr, und das Mitleid mit dir, wie du da liegst, sediert und festgebunden auf dem Bett, damit du dir nicht noch einmal etwas antun kannst, wie die Ärzte sagen. Es ist auch der Triumph über die kleinbürgerlichen Hindernisse, die in jedem von uns stecken, die immer wieder versuchen, uns vom rechten Weg abzubringen, die sich auch vor mir aufzubauen versuchten, als ich dich verletzen musste. Das war der schwerste Moment meiner Liebe, dich zu verstümmeln, um deinetwillen, für uns. Aber du warst so verwirrt, als man dich endlich aus der U-Haft entlassen hatte und ich dich das erste Mal besuchen kam, du wolltest alles wegwerfen, was wir gemeinsam aufgebaut hatten. Statt mir dankbar zu sein, dass ich später aus deinem Tötungsversuch einen Unfall gezaubert habe – mein Gott, ich war doch viel zu verwirrt damals, bei all dem Blut und dem Blaulicht, ich stand unter Schock, das musst du doch verstehen! Zu sehr durcheinander war ich, um die Situation richtig schildern zu können. Dass du mir nie etwas getan hättest, das wissen wir doch beide. Und alle anderen jetzt endlich auch. Dass du dir eher selbst Schaden zufügst, wie du nun durch meine Hand beweisen konntest. Und das werde ich zu belohnen wissen. Ich werde gleich, nachdem ich mich hier neben dir selbst befriedigt habe (dabei werde ich deine Lider offen halten, damit du daran teilhaben kannst), zur Leitung der psychiatrischen Abteilung gehen und fragen, wann ich dich nach Hause holen kann. Deine Wohnung habe ich gekündigt, wir werden den Rest unseres Lebens bei mir verbringen. Ich habe dir ein sicheres Zimmer eingerichtet, ich werde dich darin aufbewahren, bis du endlich zur Ruhe kommst, werde dich mit all meiner bedingungslosen Liebe festhalten, wie mich meine Mutter immer hielt, denn jetzt weiß ich, ich habe es endlich wirklich begriffen, dass man nur gegen seinen eigenen kleinen, nichts ahnenden Willen glücklich werden kann!

**MIT DEN JAHRESZEITEN**

Ich glaube, es wurde gerade Herbst, als ich sie zum ersten Mal sah. Sie stand an einen Baum gelehnt, eine Sommerlinde, Augen geschlossen, und ich beobachtete, wie eines der herzförmigen Blätter, das bis dahin hartnäckig gegen den seinen Tod bringenden Wind angekämpft hatte, kapitulierte und starb. Es starb im herrlichen freien Fall, während es kleine Ringe, flüchtige Kreise, in die noch immer sommerlich warme Luft zeichnete. Dabei strich es über das Gesicht der Frau, und sie lächelte, ohne die Augen zu öffnen. Ich ging nicht extra langsamer, um sie anzusehen, ich nahm sie einfach im Vorbeigehen wahr.

Dieses Bild stellte den krassen Gegensatz zu dem dar, was sich in mir selbst abspielte, mein bröckelndes Lebenskonzept, das mir durch die Finger rieselte, berufliche Unzulänglichkeiten, die unüberwindbar schienen, gepaart mit auf unangemessene Weise erhaltener Kritik. Gefühle brandeten in mir auf, finstere Wellen aus Wut, Verzweiflung und verletztem Stolz tobten durch meinen Kopf, den ganzen Körper, hatten mich aus dem Haus und die Straße entlang getrieben, durch das Tor am nahe gelegenen Friedhof, vorbei an dem alten, ausgemergelten Gärtner, der mir kurz zunickte, vorbei an von Kränzen überladenen neuen Gräbern und vorbei an alten, deren Steine sich durch das Absacken des losen Untergrundes besorgt zur Seite neigten. Meine Schritte waren ruhiger geworden, ich näherte mich den Mausoleen, die an der hinteren Friedhofsmauer entlang eine eigene vornehme Stadt mit namenlosen Straßenzügen bildeten, gestaltet wie Vorstadthäuser mit Vorgärten, nur die obligatorischen Gardinen fehlten, weil es keine Fenster gab und keine teuren Autos in den nicht vorhandenen Einfahrten. Die Wogen des Tumultes in mir glätteten sich, zogen sich zurück, und ihr Sog erfasste alle Energie in mir, hinterließ resignierte Leere. Der aufkommende Wind wehte mir Blätter der knorrigen Eichen entgegen, die vermutlich ganze Generationen der hier begrabenen Familien verblassend vorbeiziehen hatten sehen, und er trug auch meine verzweifelten Gedanken mit sich fort.

Später an diesem Tag fiel mir die Frau wieder ein, die, in sich selbst versunken, im hinteren Winkel des Friedhofs an der Linde gestanden hatte, deren Äste über die Mauer hinausragten, als hielten sie Ausschau nach künftigen Toten.

Am nächsten Morgen waren die vernichtenden Gefühle zurück, sie drängten mich wieder nach draußen, und auch diesmal suchte ich Zuflucht bei den Grabstätten und der sie umgebenden Stille.
Wieder lehnte die fremde Frau an der Linde, die über Nacht deutlich mehr Laub eingebüßt hatte. Sie trug, wie ich, einen leichten Mantel, und die Absätze ihrer Stiefel waren ein wenig in die Erde um den Baum herum eingesunken, denn der Boden war feucht von nächtlichem Regen. Ihre Haare waren rot, genau wie meine. Sie hatte sie hochgesteckt, und so konnte ich, als ich genau auf ihrer Höhe war, die Sommersprossen auf ihrem Nacken erkennen und die Locke, die auf ihn herabkringelte. Wieder stand sie mit geschlossenen Augen, als blickte sie in sich hinein, in ihrem Gesicht ein Ausdruck tiefer Ruhe.

Ich ging nun beinahe täglich zu den Toten, ihre stumme Anwesenheit spendete mir Trost, die verwitterten Steine fingen mich auf, wenn es in mir tobte, die alten Eichen, von Woche zu Woche kahler, flüsterten mir Mut zu. Die Frau an der Linde aber machte etwas mit mir, was ich nicht benennen konnte. Allein die entstandene Gewohnheit, sie dort anzutreffen, gab mir durch ihre Kontinuität Halt. Dabei wusste ich nicht einmal, ob sie mich je wahrgenommen hatte, nie hatten sich unsere Blicke getroffen. Sie beschäftigte meine Gedanken, wenn ich darüber nachdachte, warum sie, genau wie ich, ihre Tage dort auf dem Friedhof verbrachte. Sie besuchte dort nicht einen Verstorbenen, auch sie schien an dem Ort etwas gefunden zu haben, das sie stützte und ihr anderswo fehlte.

Anfang November, die Tage bloß noch wenige Stunden spärlichen Lichts, meist durch einen wolkenverhangenen Himmel noch mehr gedämpft, zerbrach meine Beziehung. Draußen peitschte mir Regen ins Gesicht, in mir brachen Risse auf, schwelten Brände, rasten Taifune.

Der tägliche Gang zum Friedhof war mein letzter Anker, hinderte meinen Verstand daran, davongespült zu werden. Und sie. Die Gewissheit, sie wieder zu sehen, ließ mich morgens aufstehen, um meinen Pflichten nachzugehen, und lenkte am Nachmittag, der Tag bereits erloschen, meine Schritte zu ihr. In der anbrechenden Dunkelheit konnte ich Einzelheiten an ihr nicht mehr erkennen, nur den Umriss ihrer Gestalt in einem langen Mantel, das Haar meistens unter einem Hut oder einer Mütze vor dem Regen verborgen.

Im Januar wurde es bitterkalt, die Welt war unter meterhohen Schneewehen begraben, die Wege spiegelglatt vereist. Und doch zog es mich weiterhin aus dem Haus und zu den Grabstätten, mein Denken und meine Schritte gleichsam gelenkt von dem Bild meiner geheimen Liebe. Denn das war sie für mich geworden: meine große, geheime Liebe, die dort unter der eingepuderten Linde stand, in einen langen Schal gewickelt, dessen Fransen vor winzigen Eisperlen glitzerten. In meinem Bewusstsein existierte nur sie, alle anderen Erinnerungen und Gefühle waren erstarrt, verweht und so verblichen.

Nachts hatte ich einen immer wiederkehrenden Traum, wie sie meine Hände hielt und wir im Kreis herum tanzten, wirbelten, immer schneller und schneller, bis ich sie nicht mehr sehen konnte und nur noch ihr Lachen hörte, mein Lachen, das überall um uns herum war. Am Ende ließen wir uns auf die Erde fallen, sanken tief in eine weiche Decke aus Schnee und blieben eng umschlungen liegen, glücklich, die andere spüren zu können.

Die Tage begannen mit ihrem Geschmack auf meiner Zunge, ich blieb zu Hause, wie gelähmt, bis ich dem Drängen in mir nachgeben durfte, das mich zu ihr lenkte. Mein ganzes Sein gehörte dieser schönen fremden Frau dort bei der Friedhofsmauer. Ich arbeitete nicht mehr, aß kaum, überließ die Wohnung sich selbst und dachte an sie. Abends lag ich im Bett und wartete auf den Schlaf und im Schlaf auf meinen Traum. Denn in diesem Traum hielt sie mich fest, ich sie, und hätten wir uns voneinander gelöst, es wäre um uns geschehen gewesen, die Fliehkraft hätte meinen letzten Rest Verstand davongetragen aus unserem Tanz, und ich wusste mittlerweile, dass wir uns glichen. Wir waren eins.

Von dem Augenblick des morgendlichen Erwachens an kreisten meine Gedanken um die Frage, ob sie mich wohl am Takt meiner Schritte, am Knirschen meiner Stiefel auf dem festgetretenen Schnee erkannte.

Denn es wurde Frühling, ohne dass ich ihre Augen je geöffnet gesehen hätte. Als ich eines Morgens der Linde näher kam, die nun schon eine hellgrüne Borte um ihre Zweige trug, fand ich, dass sie, meine Liebste, traurig wirkte. Ihre tiefe Ruhe, der bisherige innere Friede waren verschwunden, und ihre neue Zerbrechlichkeit verstörte mich. Ein leichter Hauch der neugeborenen Luft, die ihren kindlichen Reigen tanzte, die das erste Blühen aus dem Boden sprießen ließ, hätte sie aus dem Gleichgewicht werfen können, so schien es. Und dieser Zustand war meine Schuld, das war mir auf einmal klar. Ich hatte losgelassen. Ich wusste es, als sich diese gerade noch heitere Luft auf einmal verflüssigte, vor meinen Augen in pastellfarbene Schlieren verschwamm, ein öliger Film auf den bemoosten Grabsteinen, deren Inschriften unlesbar in die Gräber flossen, die sich öffneten und die zähe vielfarbige Masse gierig aufsaugten, während der Kies unter meinen Füßen nachgab, sich in einen Sumpf verwandelte und mich in sein brodelndes Inneres zu schlürfen versuchte. Meine Hände fanden Halt an einer halbhohen Mauer, hinter der sich eine Sippe entschlafener Seelen verschanzt hatte, deren Geister hämisch grinsend aus ihrer klammen Behausung aufstiegen und in den irren Tanz des dickflüssigen Luftgemischs einfielen. Vergeblich suchte ich den Blick meiner Geliebten auf mich zu lenken, doch ihre Lider blieben gesenkt, verwehrten mir den Zugang zu dem einzigen Anker, der mich vor dem Untergang hätte bewahren können, und während ich sank, immer tiefer eintauchte in die schrille, gleißende Finsternis, wusste ich, dass ich schuldig war, dass ich alles zerstört hatte, unsere Liebe gegen Klippen gelenkt hatte, und dass auch sie in dem Schlund des Verderbens zugrunde gehen würde, durch meine Schuld.

Als ich endlich den Mut fand, meine Augen zu öffnen, spottete alles um mich herum meines Wissens um unser durch mich herbeigeführtes Ende. Die Luft dünn wie Seide, in zartes Summen gehüllt. Ein weicher Sonnenstrahl blinzelnd in meinem Gesicht. Der alte Friedhofsgärtner stand über die Bank gebeugt, auf der ich mich seltsamerweise liegend befand, murmelte Wörter, die nur unwillig Gestalt annehmen wollten, Wörter wie »Bewusstlosigkeit«, »schwach« und ob es wieder besser ginge. Panik bahnte sich ihren Weg, ließ mich aufspringen und den nichts ahnenden Mann zur Seite schieben, versuchte, mich fortzulenken von dem Ort meiner grausamen Tat, dessen unschuldige Beschaffenheit sich über mich lustig machte, wollte mich hindern, der Wahrheit ins

Gesicht zu blicken. Doch ich kämpfte dagegen an, wandte mich mühsam um in der Erwartung, sie für immer verloren zu haben. Ich hatte ihre Zeichen zu spät erkannt, es wissen müssen, sie brauchte mich, war verraten worden.

Sie stand an ihre Linde gelehnt, etwas blasser als sonst, doch das helle Rot ihrer Haare wärmte tröstend den beginnenden Frühlingstag.

Wochen schleppten sich dahin, ich schlief nicht mehr, markierte die Tage als blutige Schnitte auf meiner Haut. Die Notwendigkeit einer Wiedergutmachung erfüllte mich, wucherte in meinem gedämpften Bewusstsein zu gigantischen Ausmaßen. Ich schlug den Kopf gegen die Wände meines Zimmers, um die Gedanken zurechtzurütteln, wenn sie sich ineinander zu verheddern drohten, doch meist half es nicht. Nur einer in seiner kontinuierlichen Klarheit existent: Ich musste ihr sagen, dass ich sie hatte töten wollen, ihr sagen, dass ich unserer Liebe unwürdig war, ihr sagen, alles sagen, sie um Verzeihung bitten, um einen Blick anflehen, einen einzigen, einmal ihre Augen sehen und dann sterben in ewiger Verdammnis.

Mitte Mai wurde ich in die Klinik eingewiesen, nachdem mein Vermieter per Gerichtsbeschluss gewaltsam in meine Wohnung eingedrungen war.

Tabletten regelten meinen Tagesablauf, ließen mich zur rechten Zeit wach werden, zur Nachtruhe einschlafen, dazwischen verhinderten sie unangemessene Gehirntätigkeiten.

Vor dem Fenster wurde es Juni, dann Juli, in mir flauten zögerlich, aber stetig die Wirbelstürme ab, der Nebel in meinem Kopf lichtete sich. Die Ahornbäume im Innenhof boten meinen Gedanken Zuflucht, schickten kreisend ihre Samen zur Erde, wo auch diese zur Ruhe kamen, um neu zu keimen. Schließlich durfte ich mein Zimmer verlassen, hielt mich von nun an draußen, in der hochsommerlich schweren Luft auf und ließ mich in mich selbst zurückfließen. Besuch kam, Personen aus meiner verloren geglaubten Vergangenheit, die mit mir in die nahe Zukunft blickten und denen ich mit zunehmend größerer Erwartung hinterhersah, wenn sie über den weiß bekiesten Weg in die Realwelt hinunter zurückkehrten. Am Tag meiner Entlassung blühte der Klatschmohn scharlachrot an den Feldrainen und der Untergrund vibrierte in der heißen Mittagssonne, doch er blieb fest und bot meinen ausgreifenden Schritten sicheren Halt. Die Wirklichkeit hielt stand.

Ich stand wieder vor dem eisernen Friedhofstor. Ein kurzes Aufwallen von Furcht ließ mich zögern, doch die Notwendigkeit meiner Absicht überwog. Ich schritt langsam durch die Grabreihen. Die wenigen Sonnenstrahlen, die sich durch das dichte Blattwerk der Bäume kämpfen konnten, malten weiche Muster auf die Grabsteine. Schon aus einiger Entfernung erkannte ich die klebrig glänzenden Blätter der Linde. Gleich würde ich auch sie sehen. Der Moment, in dem ich sie in meine neu gefundene Wirklichkeit einbetten können würde, stand kurz bevor. Ich würde ihre Stimme hören und endlich, endlich ihre Augen sehen, deren Farbe zu kennen ich kaum erwarten konnte. In meinen Träumen waren sie immer wie meine gewesen, doch diese Träume waren längst vergangen. Die verwaisten Vorgärten der Mausoleen boten ihr gewohntes Bild, und doch machte sich in mir auf einmal eine vage Ahnung breit, dass etwas nicht stimmte, und trotz der beruhigenden Kühle im Schatten der Friedhofsmauer stieg ein Schwall Hitze in mir auf, meine Lippen bebten. Ich erreichte die Linde, tropfend vor Himmelstau. Zwischen Sehen und Verstehen vergingen zähe Minuten, endlose Stunden. Die Erde im Wechsel der Jahreszeiten. Ich stand und starrte auf den leblosen Körper hinunter. Und auf die Augen. Sie waren grün.

AUS

**SENDESCHLUSS**

Mir geht es gut. So gut wie lange nicht mehr. Ich habe das Gefühl, dass das Leben beginnt. Nicht, dass es je geendet hätte. Aber so sagt man das doch. Wie neugeboren fühle ich mich. Bäume ausreißen steht auf dem Programm. Es geht mir zum Bersten gut. Gäbe es keinen Druck von außen, sofort explodierten die Gedärme auf den Fußboden, der Mageninhalt ergösse sich darüber. Sagenhaftes Gefühl, wenn man es erstmal überwunden hat, das eiternde Geschwür Beziehung, das man sich in kürzester Zeit herangezüchtet hat. In den Wunden des anderen schließlich auf Knochen gestoßen und kein gesundes Fleisch mehr zu verletzen übrig ist. Die Köter kriegen den Rest.

Er ging also vor die Hunde.

Ich stehe in Unterwäsche am Fenster und scheiße auf die Welt, die so tut, als gäbe es mich nicht. Eine Taube sitzt auf meiner Fensterbank, ein unförmiges Ding in Schmutziggrau auf einem Bein, das andere unergründlicherweise unter struppigen Bauchfedern verschwunden, der Kopf mit geschlossenen Augen nach hinten verrenkt und nur ab und zu ein misstrauisches Blinzeln zu mir, bis sie plötzlich das Gleichgewicht verliert, das eingezogene Bein nicht schnell genug ausfährt und scharrend über das Blech schlittert. Dann fällt sie über die Kante und bricht sich zehn Meter weiter unten das Genick. Wenn man so doof ist, helfen auch Flügel nicht. Ich kippe meinen vollen Aschenbecher hinterher und ramme Holzrahmen auf Holzrahmen, versage dem ohnehin desinteressierten Regentag meinen weiteren Anblick.

Und jetzt kannst du endlich alles tun, wozu du nie gekommen bist, Königin des Abendlandes! Erstmal suche ich Zigaretten. Und starre auf den Fleck, wo immer seine widerliche Tasche gestanden hat, die bereits sein Urgroßvater durch Straßendreck zog, als er noch klein war. Zum Glück bleibt mir ihr Anblick in Zukunft erspart. Mit dem nackten Fuß schiebe ich den Mülleimer auf die Stelle. Ich lehne meinen Kopf an die Wand, das Ohr an den rauen Putz, versinke im Rotz der vergangenen Jahre, der dort klebt – der gute Mut und die Hysterie des Anfangs, die zähflüssige Trägheit dumpfen Alltags, die Ausdünstungen sinnloser Hoffnungen, und jetzt, wo nichts als die Umrisse der Möbel für das Auge zurückbleiben, der Aufbruch in eine neue Ära. Mit Pauken und Trompeten in eine bessere Zeit! Was machen diese Wände, die getränkt sind mit unserem Wahnsinn, wenn wir sie nicht mehr bewohnen? Sehen sie einem Anstrich als ihre Zukunft ebenso erwartungsvoll entgegen wie ich einem Leben ohne ihn? Aber eigentlich gehen mir die Dinger auch am Arsch vorbei. Mir geht es gut, das ist die Hauptsache. Sehr gut, um genau zu sein.

Ich drehe am Radio, halte an, als es weniger rauscht und erfahre, dass die Haupttodesursache hierzulande Verkehrsunfälle sind. Es gibt noch Hoffnung für die Welt.

Ich höre mir noch ein letztes Mal den Anrufbeantworter an. Siebzehn Nachrichten innerhalb eines versoffenen Abends. Der Anfang bittend, nach ein paar Bier und einigen Schnäpsen ungehalten und wo ich Schlampe stecke. Dann, wer wohl in mir Schlampe gerade stecke. Es folgen einige kaum verständliche Huren und Fotzen, schließlich, müde und beinahe schon ernüchtert gegen Morgen, dass ich mich nun aber wirklich und vollkommen als gehasst betrachten dürfe, ich verdammte Nutte.

Ich krame das Tonband mit den älteren Dokumenten seiner Leidenschaft heraus und lege sie in das Diktiergerät ein. Die jüngste Aufzeichnung hinzu, und ins Archiv damit. Mein Liebesleben in Monologform von der anderen Seite aus betrachtet, Teil 4. Ich beglückwünsche mich zu dem erfolgreichen Abschluss meiner Nach-Feierabend-Serie. Es geht mir richtig gut.